호윤아 밥먹자

— **계량법 알아두기** —

계량스푼

- Table spoon (큰술): 1T = 3t = 15ml = 15cc
- tea spoon (작은술): 1t = 1/3T = 5ml = 5cc

계량컵

- 1C (1컵) = 200ml.
- 1 1/2C (1컵 반) = 300ml

호윤아 밥먹자

사랑을 담은 밥상, 엄마의 레시피

한서연 지음

오랜 기억에서

호윤이가 먹는 국물 요리의 육수를 낼 때는 표고버섯을 자주 사용합니다. 아이가 국물을 후루룩 떠먹는 모습을 보면 어릴 적 제 모습이 생각납니다. 호윤이의 모습 위로 어린 제가 있고, 어머니가 계십니다. 그 시절의 젊고 건강한 어머니가 그리워집니다.

음식은 좋은 기억을 가져다줍니다. 기억은 꼭 필요한 자양분으로 오래도록 마음에 남습니다. '오늘의 이 식탁이 훗날 아이에게 어떤 기억을 줄까?'를 생각하면 단 한 번도 소홀히 할 수 없습니다.

따각따각 떡을 써는 소리. 어머니는 다른 일은 몰라도 떡은 혼자서 썰어야 했던 분입니다. 손님이 수백 명이 와도 마찬가지셨습니다. 어슷하게 썬 가래떡의 단면은 매끄럽고 반짝반짝 빛이 납니다. 새해는 그렇게 찾아옵니다. 1970년대 우리 집의 아침은 음식을 준비하는 모습으로 분주했습니다. 하루는 진한 갈색 마른 표고버섯이 투명한 물을 물들이는 것을 보고 '어머니가 오늘은 전골 요리를 하시려나 보다' 생각하며 들떠서 기다리던 적이 있습니다. 마른 표고버섯이 국물에 우러나 어머니의 향기로 입 안에 오래오래 남습니다. 언제부터인가 표고버섯은 아득한 그리움입니다.

단단하고 여유로운 밥을 먹고 자란 저는 아직까지 몸과 마음이 건강합니다. 물려받은 건강과 좋은 식습관은 부모님께 늘 감사해 하는 부분입니다. 저 또한 부모가 되어 보니 자식을 생각하는 부모님의 마음이란 예나 지금이나 조금도 변한 게 없다는 것을 알게 됩니다. 아이에게 모두 되돌려주고 싶은 마음뿐입니다. 번거롭지만 엄마가 직접 차려주는 내 아이의 밥상에는 감사하는 마음이 있습니다. 값비싼 교육보다 소중한 것들이 존재합니다. 오감을 발달시키고, 다른 사람에 대한 배려가 있으며, 서로 오가는 진실이 있습니다. 이것은 아이의 기본적인 소양을 쌓는 지름길이기도 합니다.

차례

평일엔 세 가지 반찬

특별한 일상식

아이의 입맛을 살리는 요리

달력의 빨간 날엔 건강식

집에서 차린 외식 요리

첨가물 걱정 없는 건강 간식

알아두면 유용한 식재료 이야기

마음이 예뻐지는 디저트와 음료

캠핑 요리

세계의 요리1

세계의 요리2

Flower Story

Party & Table

평일엔 세 가지 반찬

편식을 하는 아이 뒤에는 편식을 하는 부모가 있습니다. 아이들은 어떤 음식을 거부할지 미리 정해 놓지 않습니다. 낯선 음식에 대해 안 좋은 선입관을 갖게 하는 것이 거부감을 생기게 합니다. 엄마가 못 먹는 음식이 있다면 아이와 함께 새로 시작하는 마음으로 도전해 보세요.

'아이가 이걸 먹을 수 있을까?'라는 생각을 버리고 골고루 먹는 습관을 들일 수 있게 해주세요. 특별한 노력 없이 매일 균형 잡힌 영양소를 먹을 수 있는 좋은 방법입니다. 밥상을 대하는 일은 지속적인 일입니다. 의식주에 포함되어 있으니 떼려야 뗄 수도 없습니다. 이것은 육아이고 교육입니다. 당연히 해야 할 일에 부수적으로 얻는 것도 많이 있으니 해볼 만한 일입니다. 하얀 쌀밥보다는 잡곡밥이 좋습니다. 잡곡밥에 세 가지 반찬을 놓는 것은 엄마의 욕심입니다. 엄마는 남들과 똑같은 밥으로 만족할 수 없습니다.

1

—

보리밥

—

콩나물잡채

—

레몬가자미구이

—

모시조개냉이된장국

—

보리는 식이섬유가 풍부해 소화가 잘 된다. 비타민과 무기질이 많아 보리밥과 냉이된장국을 같이 먹으면 겨우내 땅속에서 양분을 먹고 자란 냉이의 짙은 향이 올라온다. 예민한 아이들은 냉이의 향긋함을 되묻는다. 냉이를 손질할 때 흙을 털고 씻어도 흙이 잘 씻기지 않아 아이를 향한 정성이 없다면 쓸 수 없는 재료라는 것을 알게 된다.

보리밥

쌀 2C, 찹쌀보리 1C, 물 3C, 삶는 물 1 1/2C

1 찹쌀보리를 씻어 헹구고 다시 물을 부어 30분정도 불려 물 1 1/2C를 넣고 살짝 퍼지도록 삶아서 준비한다.
2 쌀은 씻어서 30~40분 이상 불린다.
3 준비된 1과 2에 분량의 물을 넣고 밥을 짓는다.

콩나물잡채

콩나물 150g, 당면 50g, 파프리카(빨강, 노랑), 청피망, 양파 25g씩,
마른 표고버섯 5g, 통깨 1T, 소금, 포도씨오일 적당량씩
잡채 양념 간장 1T, 올리고당 1/2T, 설탕 1t, 참기름 3/4T
표고 양념 간장 1/4t , 참기름 1/4t

1 콩나물은 머리와 꼬리를 제거하고 끓는 물에 소금을 넣고 데친 후 찬물에 헹군다.
2 당면은 찬물에 불려 끓는 물에 삶는다.
3 파프리카, 청피망, 양파는 4cm 길이로 채 썬다.
4 마른 표고버섯은 불려서 물기를 제거하고 표고 양념에 버무린다.
5 분량대로 섞어 잡채 양념을 만든다.
6 팬에 포도씨오일을 두르고 양파, 파프리카, 청피망 순으로 볶다가 4의 표고버섯을 넣고 볶는다.
7 2에 양념의 1/2을 넣어 버무려 볶고 남은 양념은 1에 넣어 버무린다.
8 믹싱볼에 6과 7의 재료와 통깨를 넣어 버무려 완성한다.

Tip 마른 표고버섯을 불릴 때는 시간이 좀 걸려도 찬물에 불린다. 약간의 설탕을 넣으면 시간이 단축된다. 뜨거울 때 양념을 하면 간이 골고루 배는 데 도움이 된다.

레몬가자미구이

가자미 1마리, 레몬 1개, 전분 1/3C, 올리브오일, 소금, 후추 약간

1 가자미의 머리와 내장, 비늘을 제거하고 칼집을 넣는다.
2 레몬즙 1T와 소금, 후추를 섞어 가자미에 뿌리고 약 30분간 재운 뒤 전분을 입힌다.
3 남은 레몬을 링 모양으로 썰고 오일을 두른 팬에 레몬, 가자미 순으로 굽는다.

Tip 가자미 대신 고등어, 삼치, 갈치 등 다른 생선으로 대체해도 좋다. 생선에 소금을 미리 뿌려 놓으면 간이 배고 생선살이 부스러지는 것을 방지할 수 있다.

모시조개냉이된장국

냉이 80g, 된장 1 1/2T, 다진 마늘 1T, 육수 4C

육수 재료 모시조개 150g, 다시마 1장, 청주 1T, 물 5C

1 해감한 모시조개에 물과 육수 재료를 넣어 끓이다가 모시조개가 입을 벌리면 건져내 살을 발라둔다.
2 냉이는 뿌리가 얇고 잎이 작은 것이 좋으며 상처가 나지 않게 흙이 묻은 부위만 살살 씻어서 준비한다.
3 육수에 된장을 풀고 손질한 냉이를 넣어 끓인다.
4 한소끔 끓으면 다진 마늘과 건져둔 조갯살을 넣는다.

2

—

채소밥

—

표고버섯장국

—

청포묵김무침

—

돼지고기파인애플볶음

—

제철에 나오는 채소로 지은 밥에는 비타민이 풍부하게 들어 있어 영양의 균형을 잡아준다. 표고버섯 향이 가득한 국과 돼지고기와 잘 어울리는 파인애플볶음, 그리고 청포묵김무침은 소화가 잘 되는 편안한 식사이다. 달콤한 파인애플돼지고기볶음과 먹는 채소밥은 채소를 싫어하는 아이들에게 좋은 메뉴이다.

채소밥

쌀 1C, 당근 60g, 노란색 파프리카 60g, 표고버섯 5개, 물 4/5C,
완두콩 30g, 소금, 들기름 약간씩

1 쌀을 씻어 30분 이상 불린다.
2 완두콩은 소금물에 삶아서 준비한다.
3 각각의 채소를 들기름으로 볶아 소금으로 간한다.
4 냄비에 쌀과 준비한 채소를 넣고 밥물은 약간 적게 넣는다.
5 완두콩은 밥이 다 되면 함께 섞는다.

Tip 채소밥을 할 때 완두콩은 색감을 유지하기 위해 마지막에 넣어주는 것이 좋다. 달래간장 또는 부추간장과 같이 비벼 먹으면 맛이 더욱 좋다.

표고버섯장국

건 표고버섯 10g, 두부 100g, 미소 된장 1/2T, 된장 2T, 다시마 1장,
국물용 멸치 10마리, 물 1L, 다진 마늘 1/2t, 소금 약간

1 분량의 물에 멸치, 다시마, 건 표고버섯을 넣어 끓여 육수를 만든다.
2 건더기는 체에 거르고 육수만 준비해 둔다.
3 2의 육수에 미소 된장과 된장을 넣어 끓인다.
4 자른 두부와 다진 마늘, 소금을 넣는다.

Tip 멸치 육수를 낼 때 멸치의 내장과 머리를 떼어 쓴맛을 없앤다. 미소 된장을 이용하면 맛이 부드러워 여름철에 잘 어울린다.

청포묵김무침

청포묵 200g, 쪽파 10g, 김가루, 참기름 1/2T, 들기름 1/2T, 소금, 통깨 약간씩

1 청포묵은 채 썰고 쪽파는 먹기 좋은 크기로 썬다.
2 끓는 물에 채 썬 청포묵과 쪽파를 데친 뒤 건져내 물기를 없앤다.
3 2에 소금, 들기름, 참기름, 김가루, 통깨를 넣어 가볍게 버무린다.

Tip 청포묵 데쳐내는 법 청포묵은 투명해지면 바로 건진다(체를 이용한다). 찬물에 헹구지 말고 그대로 식힌다.

돼지고기파인애플볶음

돼지고기 앞다리살 100g, 파인애플 50g, 양파 30g, 빨강 파프리카 20g,
노랑 파프리카 20g, 편마늘 약간, 포도씨오일, 청주 2t, 소금, 후추 약간씩
오렌지소스 오렌지주스 2C, 꿀 2T, 오렌지 껍질 5g

1 돼지고기는 한입 크기로 썰고 소금, 후추를 뿌린 뒤 청주에 재운다.
2 파인애플, 양파, 파프리카를 깍둑썰기 한다.
3 오렌지소스 만들기-오렌지주스 2C와 씻어서 잘게 채썬 오렌지 껍질, 꿀 2T를 끓여 반 컵 정도의 분량이 될 때까지 졸인다.
4 팬에 포도씨오일을 두르고 마늘을 먼저 볶다가 돼지고기를 넣어 함께 볶는다.
5 양파, 파인애플, 파프리카에 소금을 넣고 볶다가 오렌지소스를 넣는다.
6 접시에 담고 오렌지 껍질을 뿌려 완성한다.

Tip 단백질 분해효소가 풍부한 파인애플을 돼지고기와 같이 섭취하면 소화가 잘 된다. 돼지고기 잡내 제거에는 생강술을 쓴다(생강술-소주 1병, 생강 2~3개). -먹다 남은 소주와 생강이 있을 때 만들어 둔다.

3

흑미밥

우엉떡갈비

쉬림프귤샐러드

매생이굴국

매생이에는 칼슘과 철분이 풍부해서 무기질을 섭취할 수 있다. 겨울철 고단백 식품인 굴은 비타민과 미네랄이 풍부해 면역력을 향상시킨다. 바다의 우유라고 하는 굴을 넣은 매생이굴국에 아이는 낯설고 신기해 한다. 쫀득한 떡갈비와 새콤달콤한 쉬림프귤샐러드는 아이들이 좋아하는 메뉴이다.

흑미밥

쌀 2C, 흑미 1C, 물 3 1/4C

1 흑미와 쌀을 씻어 맑은 물이 나올 때까지 헹군다.
2 흑미는 8시간 이상 불리고 쌀은 30~40분 이상 불린다.
3 준비된 쌀과 흑미에 분량의 물을 넣고 밥을 짓는다.

Tip 흑미로 죽을 만들 경우 퍼지는 속도가 느리기 때문에 쌀을 믹서기에 갈아서 준비하면 좋다.

우엉떡갈비

다진 소고기 200g, 우엉 50g, 빵가루 2T, 포도씨오일 약간
양념간장 3/4T, 설탕 1/2T, 올리고당 1t, 간 양파 1T, 다진 파 1T,
다진 마늘 1/2t, 청주 2t, 참기름 2t, 소금 약간

1 분량의 양념간장 재료를 섞어 양념장을 만든다.
2 키친타월로 다진 소고기의 핏물을 제거한다.
3 우엉은 손질해서 잘게 다진다.
4 1, 2, 3과 빵가루를 섞어 반죽을 치댄다.
5 4의 반죽을 30g 정도로 동그랗게 빚는다.
6 팬에 오일을 둘러 굽고 통깨를 넣어 버무린다.

Tip 반죽은 익으면서 크기가 줄어들기 때문에 만들려는 크기보다 약간 크게 빚는다. 구울 때 고기의 가운데 부분을 살짝 눌러주면 고기의 모양을 유지할 수 있다.

쉬림프귤샐러드

샐러드 채소 80g, 새우 150g, 귤 100g, 청주 약간

<u>귤 드레싱</u> 귤 130g, 꿀 1T, 포도씨오일 2T, 레몬즙 1T,
홀그레인 머스터드 1/2t, 소금, 후추 약간

1 귤 드레싱을 만든다.
①귤은 스퀴져에 착즙하여 꿀을 넣고 끓여 1/2 분량으로 줄면 차갑게 식힌다.
②졸인 귤즙에 나머지 재료들을 넣고 섞는다.
2 끓는 물에 새우와 청주를 넣고 데친다.
3 귤은 껍질을 제거하고 알맞은 크기로 썬다.
4 샐러드 채소와 2, 3을 담고 귤 드레싱을 뿌려 완성한다.

Tip 귤 대신 오렌지, 자몽, 레몬, 한라봉 등을 사용하여 다양하게 드레싱을 만들 수 있다.

매생이굴국

매생이 150g, 굴 150g, 육수 4C, 참기름 1T, 다진 마늘 1T, 국간장, 토판염 약간

<u>육수 재료</u> 마른 새우 20g, 멸치 20g, 다시마 1장(5X5cm), 물 5C

1 육수 재료와 물을 넣고 끓인 뒤 건더기는 건져낸다.
2 매생이는 물에 흔들어 깨끗이 씻고 굴은 굵은 소금으로 살살 문질러 씻는다.
3 냄비에 굴과 참기름을 넣고 가볍게 볶다가 육수를 부어 끓인다.
4 3이 끓으면 다진 마늘과 매생이를 넣어 한소끔 더 끓인다.
5 기호에 따라 국간장, 소금으로 간을 한다.

Tip 매생이는 워낙 얇아 씻을 때 촘촘한 체를 이용하는 것이 좋다. 굴을 세척할 때는 소금, 무즙 등을 사용하여 살살 씻는다. 토판염을 쓰면 더욱 시원한 맛을 낼 수 있다.

4

—

수수밥

—

뽀빠이시금치나물

—

황태콩나물국

—

소고기양배추롤

시금치에는 사포닌, 비타민C, 베타카로틴이 풍부하고 어린이들의 성장을 촉진시켜준다. 시금치는 어린이뿐만 아니라 어른도 많이 먹으면 좋다. 수수밥은 소화가 잘 되고 피를 맑게 해 주며 식감이 좋아 호기심 많은 아이들이 좋아한다.

수수밥

쌀 2C, 수수 1C, 물 3 1/4C

1 수수를 씻을 때에는 싹싹 비벼 붉은 물이 없어지도록 여러 차례 헹구고 3~4시간 불린다.
2 깨끗이 씻은 쌀은 30~40분 이상 불린다.
3 솥에 쌀과 수수를 섞고 분량의 물을 넣어 밥을 짓는다.

Tip 쌀의 수분 상태에 따라 밥물을 조절한다.

뽀빠이시금치나물

시금치 200g, 소금 약간, 국간장 1/3t, 참기름 1/3t, 들기름 2/3t, 통깨 2t,
다진 파, 다진 마늘 약간씩

1 끓는 물에 소금을 넣고 손질한 시금치를 살짝 데쳐 찬물에 헹궈 물기를 짠다.
2 1의 시금치를 적당한 크기로 썬다.
3 시금치와 분량의 양념 재료를 넣고 버무린다.

Tip 시금치를 손질할 때 뿌리의 흙은 털어내고 시든 잎은 정리한다. 시금치의 크기가 클 경우 시금치의 뿌리 쪽에 칼집을 내어 뿌리 쪽부터 넣어 데치는 것이 좋다.

황태콩나물국

황태채 30g, 콩나물 200g, 육수 1L, 대파 20g, 국간장 1T, 다진 마늘 1/2t, 참기름 1/2t, 소금 약간 **황태채 밑간** 국간장 1/3t, 다진 마늘 1/2t
육수 재료 물 1.5L, 황태 머리 1개, 다시마 5X5cm 1장, 무 50g, 청주 1/2T

1 냄비에 육수 재료를 넣어 끓으면 청주를 넣고 끓여 체에 거른다.
2 황태채는 물에 살짝 불려서 잘게 찢고 분량의 재료들로 밑간을 한다.
3 콩나물을 깨끗하게 손질하고 대파는 어슷썬다.
4 냄비에 참기름을 두르고 2의 황태채를 볶다가 육수를 붓고 끓인다.
5 4에 콩나물을 넣고 끓인 후 국간장과 다진 마늘을 넣는다.
6 대파를 넣어 한소끔 더 끓이고 부족한 간은 소금으로 한다.

Tip 황태채를 이용해서 끓이는 것보다 황태 한 마리를 이용하면 더욱 구수한 맛을 낼 수 있다. 고춧가루나 청양고추를 넣어 매콤한 맛을 내기도 한다.

소고기양배추롤

다진 소고기 200g, 양배추 1/3통, 부추 30g, 당근 20g, 양파 20g,
맛술 1/2T, 청주 1/2T, 빵가루 2T, 소금 1/4t
<u>조림장</u> 다시마 육수 200ml, 간장 1t

1. 키친타월로 다진 소고기의 핏물을 제거한다.
2. 양배추는 찜기에서 5분 정도 찐다.
3. 부추는 0.5cm 길이로 송송 썰고 당근과 양파는 잘게 다진다.
4. 믹싱볼에 위의 재료들과 맛술, 청주, 빵가루, 소금을 넣고 섞어 치댄다.
5. 4의 반죽을 20g 정도씩 2~3cm 길이로 빚는다.
6. 찐 양배추를 펼쳐 반죽을 넣고 만다.
7. 양배추롤에 조림장을 끼얹으며 안의 소가 잘 익도록 조린다.

<u>Tip</u> 양배추롤 소에 돼지고기를 섞으면 더욱 부드럽다.

간장의 종류

국간장, 조선간장, 양조간장 등

간장은 음식에서 감칠맛을 내는 중요한 역할을 하며 전통 방식으로 만드는 방법과 공장에서 대량으로 생산하는 방법이 있다.

전통 방식으로 만든 간장_국간장, 조선간장, 집간장 등
콩을 삶아 메주를 빚고 그 메주를 띄워 소금물에 장시간 발효한다. 메주는 걸러내고 그 물을 끓여 만드는데 방식의 차이로 국간장, 조선간장, 집간장 등으로 나눈다. 농도에 따라서는 진장(진간장), 중장(중간 간장), 청장(맑은 간장)으로 나눈다.

진장(진간장) 5년 이상 묵어 오래 숙성된 진한 간장을 의미하나 공장 생산 간장의 이름으로 쓰인다.
중장(중간 간장) 3~4년 정도 묵은 간장으로 찌개나 나물 요리에 많이 사용한다.
청장(맑은 간장) 1년 정도 된 간장으로 색이 맑고 깔끔해서 국이나 나물 요리에 주로 사용한다.

공장 생산 방식의 간장_양조간장, 진간장, 국간장 등으로 나뉘어 판매되고 있고, 왜간장으로도 불림
양조간장 대두, 탈지 대두(기름을 제거한 콩)과 곡류(밀) 등을 발효시켜 소금물을 섞어서 자연 숙성시킨 간장
진간장 짧은 기간에 대량 생산하기 위해 양조간장에 산 분해 간장을 혼합하여 만든 간장

전통 방식의 간장과 공장 생산 방식 간장의 차이점
전통 방식은 콩이 주재료이고 세균에 의한 발효인 반면 공장 생산 방식은 전분질을 재료에 사용하고 곰팡이를 이용해 발효한다.

전통 방식은 해가 묵을수록 맛이 깊어지고 감칠맛이 있지만, 공장 생산 방식은 유통기한이 있으며 단맛을 내는 성분을 첨가하고 있다. 양조간장과 진간장 이외에도 맛간장, 조림간장, 저염간장 등 요리의 용도에 따라 달라지는 다양한 간장이 유통되고 있다.

전통 방식의 간장은 염도가 높고 색이 옅어 국물이나 나물 요리에 쓰인다. 공장 생산 방식 간장인 양조간장과 진간장은 요리의 구분 없이 쓰되 양조간장은 열을 가하지 않는 무침이나 소스, 진간장은 불고기 등 구이에 사용한다. 진간장의 염도가 더 높기 때문이다. 향신 재료나 다른 재료를 첨가한 맛간장이나 염도가 낮은 저염간장 등은 성분표를 잘 보고 요리 방법에 따라 구분해서 사용한다

국간장, 양조간장, 진간장, 맛간장 정도만 구분한다면 요리할 때 크게 무리는 없다.

밀가루의 종류

강력분, 중력분, 박력분

밀가루의 차이

베이킹에서 빼놓을 수 없는 재료가 밀가루이다. 처음 베이킹을 시작하면 밀가루의 종류와 차이에 대해 궁금해진다. 밀가루는 크게 강력분, 중력분, 박력분으로 나눈다.
강력분과 중력분, 박력분은 쓰임이 조금씩 다른데 쓰임을 알고 쓰면 훨씬 맛있는 베이킹과 요리가 된다. 강력분, 중력분, 박력분으로 나누는 주된 이유는 단백질인 글루텐(gluten) 함량의 차이이다. 글루텐은 빵 반죽의 신장성과 점탄성(쫄깃함)에 큰 영향을 주기 때문에 용도에 맞게 사용해야 맛있는 베이킹을 완성할 수 있다.

1 강력분 글루텐 함량이 12~14%로 글루텐 함량이 가장 높아 쫄깃해서 주로 제빵용으로 사용된다. 식빵이나 단팥빵, 버터롤 등을 만들 때 사용한다.
2 중력분 글루텐 함량이 강력분과 박력분의 중간 정도로 가정에서도 흔히 쓰는 다목적용이다. 국수, 수제비, 만두피 등 주로 요리할 때 많이 쓰인다.
3 박력분 가장 글루텐 함량이 낮아 바삭한 맛을 내어 주로 제과용으로 쓰인다. 점탄성(쫄깃함)이 약해서 바삭해야 맛있는 쿠키나 머핀, 파이 등을 만들 때 사용한다.

특별한 일상식

매일 똑같은 밥은 아이들이 지겨워합니다. 때문에 아이는 자꾸 빵이나 과자로 배를 채우려 합니다. 사실 똑같은 반찬은 엄마 아빠도 지겨울 때가 있습니다. 이럴 땐 과감히 아이가 좋아하는 메뉴로 식탁의 분위기를 바꿔 보는 것이 좋습니다. 아이에게 다양한 경험과 놀이와 체험이 중요하다고 강조하면서 유독 밥에는 시간이 없다는 이유로 똑같은 반찬을 권하고 있는 것은 아닐까요? 아이들은 부모의 일관된 교육을 통해 멋진 어른으로 성장합니다. 가끔은 색다르게 차려진 식탁 앞에서 아이는 '나'를 생각해 주는 엄마의 마음을 읽습니다.

"엄마, 오늘 우리 집 앞에서 카레 냄새가 나요."

오늘은 특별한 카레입니다. 삼치구이에 카레 소스를 입혔거든요. 일상식에 특별한 의미를 담으면 아이들은 금세 행복해집니다.

1

—

현미밥

—

새우완자탕

—

주꾸미짜장볶음

—

그릴드 단호박
아스파라거스샐러드

바다의 주꾸미가 짜장에 들어 있다. 아이들은 주꾸미를 먼저 골라 먹는다. 샐러드에 들어 있는 단호박은 '베타카로틴'이라는 영양소가 있어 흡수율이 높고 소화가 잘 된다. 또한 아스파라거스는 아미노산이 풍부한 재료이다.

현미밥

현미 1 1/2C, 멥쌀 1C, 찹쌀 1/2C, 물 3C

1 현미는 깨끗이 씻어 물에 3시간 이상 불린다.
2 멥쌀과 찹쌀은 깨끗이 씻어서 40분 이상 불린다.
3 준비된 현미, 멥쌀, 찹쌀 그리고 분량의 물을 넣어 밥을 짓는다.

Tip 쌀과 잡곡을 불리는 시간은 양과 계절에 따라 약간씩 차이가 있다.

새우완자탕

완자 생물새우 中 8마리, 애호박 30g, 양파 20g, 다진 마늘 1/3t, 소금 1/2t, 맛술 1/2t, 달걀 흰자 10g, 전분 1T

재료 국간장 1t, 다진 마늘 1/4t, 소금, 영양부추 약간씩

육수 3C 분량 (새우 머리, 다시마 5X5cm 1장)

1 새우, 애호박, 양파는 잘게 다지고 분량의 재료들을 섞어 완자 반죽을 만든다.
2 육수가 끓어오르면 국간장, 다진 마늘, 소금을 넣고 한소끔 더 끓인다.
3 수저를 이용하여 완자 반죽을 뚝뚝 떼어 2에 넣는다.
4 완자가 떠오르면 불을 끄고 영양부추를 얹는다.

Tip 영양부추는 실파, 미나리로 대체할 수 있다. 생물 새우를 쓸 때는 머리 부분은 육수로, 몸통 부분은 완자 반죽용으로 사용한다.

주꾸미짜장볶음

Tip_춘장을 기름에 볶으면 특유의 쓴맛을 제거할 수 있다. 주꾸미를 데쳐 사용하면 볶았을 때 수분을 최소화할 수 있다.

주꾸미 120g, 춘장 10g, 양배추 40g, 양파 30g, 청경채 20g, 다진 마늘 1/2t, 올리고당 1T, 포도씨오일 1T

주꾸미 밑간 청주 1t, 후추 약간, 소금 약간

1 주꾸미를 알맞은 크기로 잘라 끓는 물에 데쳐 밑간한다.
2 팬에 식용유를 넣고 춘장을 볶아 체에 걸러 기름을 빼준다.
3 양배추와 양파, 청경채는 알맞은 크기로 썬다.
4 팬에 식용유를 넣고 다진 마늘, 양배추, 양파, 주꾸미 순으로 볶는다.
5 춘장과 올리고당을 넣고 마지막에 청경채를 넣는다.

그릴드 단호박 아스파라거스샐러드

단호박 80g, 아스파라거스 50g, 방울토마토 40g, 어린잎 30g, 올리브오일 약간

잣 드레싱 잣 2T, 포도씨오일 1 1/2T, 우유 1T, 식초 1T, 레몬즙 1t, 꿀 2t, 소금, 후추 약간

1 분량의 재료대로 믹서에 넣고 갈아 잣 드레싱을 만든다.
2 단호박은 얇게 썰고, 아스파라거스는 밑부분은 제거해 필러로 껍질을 살짝 벗겨 소금물에 데친 뒤 얼음물에 식힌다.
3 방울토마토는 반으로 자른다.
4 뜨겁게 달군 그릴 팬에 올리브오일를 바르고 단호박과 아스파라거스를 굽는다.
5 접시에 어린잎과 방울토마토, 4를 담고 잣 드레싱을 곁들인다.

Tip 단호박은 매우 단단하므로 3~4분 전자레인지에 돌려 자르기 편한 상태로 만들어 사용한다. 아스파라거스를 소금물에 데쳐 얼음물에 식혀서 사용하면 색은 유지되고 아삭한 질감을 살릴 수 있다.

2

—

무밥

—

참깨드레싱
두부샐러드

—

카레삼치구이

—

홍합미역국

수분이 90%를 차지하는 무는 비타민 C가 풍부하다. 무밥은 비타민 밥이라고 할 수 있다. 삼치에 함유된 DHA는 아이들의 두뇌활동을 돕는다. 머리가 좋아지는 삼치를 아이의 입맛에 맞게 조리해 먹는 것이 좋다.

무밥

쌀 1 1/2C, 무채 250g, 물 1 1/4C, 들기름 1t,
양념간장 간장 2T, 고춧가루 1/2t, 달래 1T, 다진 양파 2T,
참기름 1T, 통깨 1 1/2T

1 쌀은 30분 이상 불린다.
2 무는 깨끗이 씻어 굵게 채썬다.
3 냄비에 들기름을 넣고 준비한 무채를 볶다가 쌀과 분량의 물을 넣어 밥을 짓는다.
4 양념장을 만들어 숙성시킨다.

참깨드레싱두부샐러드

두부 1/2모, 샐러드 채소, 전분 가루 1/2C 소금 약간, 포도씨오일
<u>참깨 드레싱</u> 참깨 2T, 마요네즈 2T, 우유 2T, 식초 1T,
꿀 1T, 간장 1t, 소금 약간

1 두부는 물기를 제거하고 먹기 좋은 크기로 썰어 소금을 뿌린다.
2 드레싱 재료를 섞어 숙성시킨다.
3 1의 두부에 전분 가루를 입히고 팬에 포도씨오일을 두르고 바삭하게 굽는다.
4 그릇에 샐러드 채소와 구운 두부를 얹고 드레싱을 뿌린다.

카레삼치구이

삼치 280g, 전분 2T, 카레 가루 1T

<u>삼치 밑간</u> 청주 2T, 소금 2/3t, 후추 약간

1 삼치는 사선으로 칼집을 내고 분량의 재료로 밑간해 30분간 재운다.
2 전분과 카레 가루는 체에 내린다.
3 밑간한 삼치를 2에 묻힌다.
4 팬에 기름을 넉넉히 두르고 3의 재료를 굽는다.

Tip 개인의 입맛에 따라 카레 가루를 조절한다. 삼치 외에 갈치, 가자미, 고등어 등 다른 생선으로도 대체할 수 있다.

홍합미역국

말린 미역 10g, 다진 마늘 1T, 참기름 1T, 국간장, 소금 약간, 육수 1L

<u>육수 재료</u> 껍질 홍합(생 홍합) 300g, 다시마 1장, 물 1.5L, 청주 2T

1 미역을 불려 두세 번 가볍게 씻고 물기를 뺀다.
2 분량의 육수 재료를 넣고 육수를 만든다(홍합은 살만 분리한다).
3 냄비에 참기름을 두르고 준비해 둔 미역을 볶다가 육수를 붓는다.
4 3이 끓으면 다진 마늘과 준비한 홍합 살을 넣고 소금으로 간을 한다.

Tip 마른 홍합이나 생 홍합 대신 대합, 새우 등으로 미역국을 끓여도 좋다.
홍합 미역국으로 죽을 끓여도 좋다.

2

김치밥

보들보들 달걀찜

소고기당면국

조랭이떡월과채

다른 메뉴가 많이 있어도 아이들의 손은 달걀찜으로 먼저 간다. 아무리 큰 뚝배기에 만들어도 항상 양이 모자란다. 예나 지금이나 아이들이 달걀을 좋아하는 것은 변함이 없다. 유산균이 풍부한 김치가 아삭아삭하게 밥에서 씹히는 김치밥은 달걀찜과 잘 어울리는 메뉴이다. 김치를 싫어하는 아이 앞에서는 엄마는 일부러 아삭아삭 소리를 내어 먹는다.

김치밥

쌀 2C, 묵은 김치 150g, 돼지고기 안심 40g, 숙주 30g, 들기름 1T, 물 4/5C
<u>양념간장</u> 간장 1T, 다진 오이고추 2t, 마늘 1/2t, 매실청 1t, 들기름 1/2T, 통깨

1 김치는 속을 털어 물에 담가 매운맛을 뺀다.
2 쌀은 깨끗이 씻어 40분 이상 불린다.
3 돼지고기와 김치는 먹기 좋은 크기로 썰고 숙주는 씻어서 데친다.
4 솥에 들기름을 두르고 돼지고기와 김치를 볶다가 불린 쌀과 물을 넣고 밥을 짓는다.
5 밥이 완성되면 데친 숙주와 섞어준다.

Tip 분량의 양념장을 만들어 곁들여도 좋고, 매운맛을 원할 경우 오이고추 대신 청양고추를 사용한다.

보들보들 달걀찜

달걀 2개, 새우젓 1/2t, 다진 파 2t, 다시마 육수 1C, 소금, 통깨 약간
<u>다시마 육수</u> 물 1 1/2C, 다시마 1장

1 다시마 육수 1C를 준비한다.
2 볼에 달걀을 넣고 충분히 풀어준다.
3 뚝배기에 육수를 붓고 새우젓을 넣어 끓기 시작하면 준비한 달걀을 고루 붓는다.
4 불의 세기를 약하게 하고 가장자리를 한 번 저어 뚜껑을 덮고 5분 후 불을 끈다.

Tip 다시마 육수는 실온에서 천천히 우려내는 것이 좋고 미리 만들어 냉장보관해서 사용한다. 단, 3~4일 안에 쓰는 것이 좋다.

소고기당면국

소고기 안심 100g, 양파 50g, 마른 표고 7g, 대파 20g, 다진 마늘 1/2T, 당면 30g, 들기름, 국간장 약간, 육수 1L

<u>육수</u> 다시마 1개(5X5cm), 멸치 20g, 무 50g, 청주 2T, 물 1.5L

1 육수 재료를 넣고 육수를 만든다.
2 마른 표고와 당면은 차가운 물에서 불린다.
3 소고기는 핏물을 제거해 먹기 좋은 크기로 자르고 양파, 마른 표고는 채 썰고 대파는 어슷썬다.
4 냄비에 들기름을 두르고 소고기와 표고버섯을 볶다가 준비한 육수를 붓고 끓인다.
5 4가 끓으면 다진 마늘, 양파, 대파, 국간장을 넣고 당면은 먹기 전에 넣는다.

Tip 당면은 쉽게 불기 때문에 먹기 직전에 넣어 끓인다.

조랭이떡월과채

조랭이떡 150g, 소고기 안심 80g, 건 표고버섯 2개, 애호박 1/2개, 느타리버섯 50g, 양파 1/2개, 파프리카(빨강, 노랑) 1/2개씩

조랭이떡 양념 간장, 참기름 1t, 꿀 2t

고기, 버섯 양념 간장 1/2T, 다진 파 1/2T, 다진 마늘 1t, 꿀 1t, 참기름 1t, 검정깨, 포도씨오일, 소금 약간

1 조랭이떡은 데쳐 떡 양념에 재운다.
2 소고기는 핏물을 제거하고 채 썰고, 건 표고버섯은 차가운 물에 불려 채 썰어 양념에 재운다.
3 애호박은 반으로 잘라 씨 부분을 도려내 얇게 썰고 소금에 살짝 절인다.
4 느타리버섯은 끓는 물에 데쳐 물기를 제거한 뒤 소금 간을 하고 파프리카와 양파는 채썬다.
5 준비된 재료 1~4번을 따로 볶아 식힌다.
6 볼에 모든 재료를 담고 가볍게 버무린다.

배추김치

배추 2포기(4kg), 절임 소금물(굵은 소금 400g, 물 4L), 무 500g, 쪽파 60g, 미나리 40g **양념** 굵은 고춧가루 1T, 고운 고춧가루 1T, 마늘 30g, 생강 10g, 마른 고추 15g, 밥 30g, 배 100g, 양파 100g, 새우젓 15g, 멸치액젓 80g, 설탕 1t, 소금 약간

1 배추는 다듬어 밑동에 칼집을 넣어 4등분한다.
2 배추를 절임물에서 5~6시간 절인다(중간에 배추의 위아래를 뒤집어 골고루 절여지도록 한다).
3 마른 고추는 물에 불리고 배와 양파는 강판에 갈아 면포에 걸러 즙을 낸다.
4 믹서에 양념의 재료를 넣고 간다.
5 무는 3cm로 채 썰고 쪽파와 미나리는 3cm 길이로 썬다.
6 4와 5를 버무려 배추 속을 만들고 절여둔 배추에 소를 넣어 겉잎으로 싸서 김치통에 넣어 숙성시킨다.

• 김치주먹밥, 김치치즈그라탕, 김치만두 등의 요리에 유산균이 풍부한 자연 발효식품인 김치를 이용하여 아이들의 건강을 지키자.

나박김치

무 200g, 배추 150g, 사과 100g, 천일염 1/3C(절임용)
<u>부재료</u> 미나리 15g, 쪽파 10g, 다진 마늘 1T, 다진 생강 1t,
고춧가루 2/3C <u>김칫국물</u> 생수 4C, 천일염 1 1/2T, 설탕 1t

1 무, 배추 썰기- 무와 배추는 사방 2cm 크기로 얇게 썰어 1시간가량 소금에 절인다.
2 사과는 사방 2cm 크기로 자르고 미나리는 줄기 부분을 2cm 길이로 자른다.
3 쪽파는 흰 부분만 손질하여 2cm 길이로 자른다(김치를 담글 때 파는 흰 부분만 사용하는 것이 좋다. 잎의 푸른 부분에는 하얀 진이 많아 깔끔한 맛이 덜하다).
4 면 보자기에 다진 마늘, 생강, 고춧가루를 넣고 김칫국물에 흔들어가며 고춧물을 들인다(깔끔한 국물을 위해 면 보자기를 사용하면 좋다).
5 절여둔 무와 배추를 가볍게 헹궈 물기를 뺀 후 김치통에 넣고 4의 김칫국물을 부어 완성한다.

- 나박김치는 아이들이 부담 없이 먹을 수 있으며 계절에 상관 없이 담을 수 있다.
- 좋은 배추는 녹색 잎이 많고 단단해 보이는 것으로 다듬을 때 녹색 잎을 많이 제거하지 않는 것이 좋다(카로틴이 풍부).
- 무는 껍질에 윤기가 돌고 단단하며 모양이 크고 흠이 없는 것으로 고른다.

3

—

소고기콩나물밥

—

매실청오이냉국

—

다시마새송이버섯장조림

—

떠먹는 토마토
망고샐러드

콩나물은 비타민과 무기질, 단백질이 풍부한 식품이다. 소고기는 따뜻한 성질을 가지고 있어서 둘을 함께 먹으면 더욱 좋다. 적당량의 소고기를 이유식 때부터 먹어 온 아이들은 위장이 튼튼하고 소고기의 맛에 익숙하다. 아이가 기억하는 재료를 잊지 않고 먹게 하는 것이 중요하다.

소고기콩나물밥

쌀 1 1/2C, 물 300ml, 콩나물 100g, 다진 소고기 60g

소고기 양념 소금, 청주 약간

양념간장 간장 1 1/2T, 올리고당 1/2T, 참기름 1t, 통깨 1t, 부추 5g, 다진 양파 1t, 다진 마늘 1/2t

1 다진 소고기는 키친타월로 핏물을 빼고 소고기 양념으로 밑간한다.
2 분량의 재료를 넣어 양념간장을 만든다.
3 냄비에 분량의 쌀과 물을 넣고 밥을 짓는다.
4 콩나물은 끓는 물에서 데쳐 찬물로 가볍게 헹궈 준비한다.
5 밑간한 소고기를 팬에서 센 불로 재빨리 볶아 식힌다.
6 밥이 뜸들 때쯤 콩나물을 넣고 5분 정도 뜸을 들인다.
7 완성된 콩나물밥에 볶은 소고기를 얹고 2의 양념장을 곁들인다.

Tip 아삭한 콩나물밥을 만들기 위해서는 콩나물을 따로 데쳐 준비해 마지막에 섞는다. 양념장은 식성에 따라 부추, 달래 등을 넣어 만들기도 하고 고춧가루나 (청양)고추로 매운맛을 내기도 한다.

매실청오이냉국

오이 100g, 레몬 30g, 매실청 3t, 국간장 1 1/2t, 식초 1t, 소금 1/4t　**육수 재료** 다시마 5X5cm 1장, 물 500ml

1 분량의 다시마 육수 재료들을 넣고 실온에서 충분히 우려낸 후 끓여서 350~400ml의 육수를 만들어 차갑게 식힌다.
2 오이는 4cm 길이로 채 썬다.
3 레몬은 1/4로 썬다.
4 1의 육수에 매실청, 국간장, 식초, 소금을 분량대로 넣어 섞고 2와 3을 넣어 완성한다.

Tip 매실청 담그는 법 매실 담근 통에 매실과 유기농 설탕을 1:1 비율로 켜켜이 쌓아 맨 윗부분을 설탕으로 꼼꼼히 덮어 100일 숙성 후 매실을 걸러서 사용한다. 간혹 설탕의 양을 줄이기도 하나, 자칫하면 곰팡이가 생길 수 있다.

다시마새송이버섯장조림

육수 재료 다시마 5X5cm 1장, 물 1 1/2C, 새송이버섯 150g **양념** 양조간장 1 1/4T, 올리고당 1T, 청주 1/2t

1 다시마 육수 재료를 넣어 끓이다가 다시마는 건져낸다.
2 건져낸 다시마는 3~4cm 길이로 얇게 채 썰고 새송이버섯도 비슷한 길이로 썬다.
3 냄비에 1의 다시마 육수와 양념 재료들을 분량대로 넣고 끓인다.
4 3이 끓으면 준비된 2의 재료들을 넣고 끓이다가 약불에서 조린다.

Tip 삶은 메추리알이나 삶은 달걀을 넣어도 좋다. 새송이버섯은 표고버섯으로 대체해도 좋다.

떠먹는 토마토망고샐러드

방울토마토 200g, 망고 100g, 고구마 50g, 어린잎 10g

<u>발사믹 드레싱</u> 올리브오일 3T, 발사믹 식초 1T, 설탕 1T, 다진 양파 20g, 레몬즙 1t, 소금 약간, 후추 약간

1 발사믹 드레싱 재료는 분량대로 섞어 미리 만들어 놓는다.
2 방울토마토의 윗부분에 + 모양으로 칼집을 내어 끓는 물에 데친 뒤 껍질을 벗긴다.
3 망고와 고구마는 껍질을 벗겨 깍둑썰기 한다.
4 어린잎은 씻어서 물기를 제거한다.
5 샐러드 볼에 준비된 2,3의 재료들을 담고 4의 어린잎과 드레싱을 뿌려 완성한다.

<u>Tip</u> 큰 토마토의 속을 파내어 망고와 고구마, 다른 채소 등을 넣어 토마토컵샐러드를 만들 수 있다.

호윤아 밥먹자

아이의 입맛을 살리는 요리

작은 변화에도 아이들은 민감하게 반응합니다. 그도 그럴 것이 아이의 경험은 아직 한창 진행 중입니다. 새로운 경험을 시도하면 아이는 부모를 보게 됩니다. 반대로 포기하는 것은 아직 경험해 보지 않은 일을 시큰둥하게 합니다. 어른들의 흉내를 내는 것입니다. 아이가 세상에 태어난 지 십 년도 채 되지 않았습니다. 새로운 음식을 보고 형태와 모양, 식감에 놀라는 것이 당연합니다. 싫은 것이 아니라 처음 접하는 것에 놀라는 것입니다. 예쁜 음식, 독특한 재료로 만든 음식을 먹을 때 아이는 그동안 알지 못했던 세계와 만나게 됩니다.

"엄마, 미역처럼 생긴 이 미끌미끌한 건 뭐예요?"

아이가 물으면 엄마 아빠는 웃으며 대답해 주세요. 사실 엄마도 처음 먹어보는 '매생이'이지만요. 아이는 지금 '경험'을 하고 있는 중입니다.

유부주머니만두

복주머니처럼 생긴 만두는 생김새가 복스럽다. 단백질이 많은 유부주머니 속에 만두 재료가 쏙 들어 있어 아이는 만두를 먹는 것인지 유부를 먹는 것인지 헷갈린다.

유부 5장(조미되지 않은 유부), 다진 소고기 180g, 숙주 70g, 당면 50g, 양파 30g, 새송이버섯 30g, 부추 30g, 소금 1/2t, 참기름 1t, 깨 2t

고기 밑간 간장 1/3t, 청주 1/5t, 참기름 1/5t, 후추 약간

유부주머니 묶는 끈 부추 10줄기 초간장 간장 1t, 식초 1t

1 유부는 끓는 물에 데쳐 물기를 짜고 입구를 벌린다.
2 고기 밑간 양념은 분량대로 섞어 다진 소고기에 밑간한다.
3 숙주는 데쳐서 물기를 제거해 다진다.
4 불린 당면은 끓는 물에 삶아 물기를 제거하고 다진다.
5 양파와 새송이버섯은 작게 다지고 부추는 송송 썬다.
6 믹싱 볼에 2, 3, 4, 5의 재료들을 넣고 소금, 참기름, 깨, 후추를 넣어 양념한다.
7 1의 유부주머니에 6의 소를 약 35g씩 넣는다.
8 부추를 데쳐 7의 유부주머니의 입구를 감아 묶고 찜 솥에 10~13분 정도 찐다.

Tip 유부는 조미 안 된 유부를 사용하며 작은 사이즈는 그냥 쓰고 큰 사이즈일 경우는 반으로 잘라 쓴다. 유부 속 소를 만들 때에는 소고기와 돼지고기를 섞으면 보다 부드러운 맛을 즐길 수 있다.

층층이 케이크초밥

페이스트리처럼 층을 쌓은 밥은 색과 모양이 예쁘다. 케이크를 먹는 기분이 들어 밥을 우아하게 먹게 된다. 다양한 색과 맛의 조화가 아이는 재미있다. 어릴 적 무지개떡을 보고 켜켜이 쌓인 다른 색의 재료들이 궁금해서 어머니께 여쭤보던 기억이 난다.

밥 100g, 애호박 20g, 당근 20g, 표고버섯 20g, 다진 소고기 20g, 노른자 지단 1개 분량, 참기름, 다진 마늘, 소금, 후추 약간

1 밥에 참기름과 소금으로 밑간을 해 둔다.
2 애호박, 당근, 표고버섯은 얇게 채 썰어 팬에 소금으로 간을 해서 볶는다.
3 달걀 노른자 1개 분량을 지단으로 만들어 채 썰어 준비한다.
4 다진 소고기는 참기름, 다진 마늘, 소금, 후추로 밑간해서 볶아준다.
5 원하는 모양 틀에 밥-애호박-밥-당근-밥-지단-표고버섯-밥 순서로 넣고 살짝 눌러 모양을 잡아준다.
6 접시에 케이크 밥을 담고 볶은 소고기를 얹어 완성한다.

Tip 밥은 뜨거울 때 밑간을 해야 골고루 간이 밴다. 여러 가지 다른 종류의 나물로 대체할 수 있다(시금치, 취나물, 참나물 등). 비빔밥 재료가 남아 있을 때 케이크 밥 형태로 활용하면 좋다. 케이크 밥 모양을 잡을 때 모양 틀을 쓰거나 혹은 밥그릇을 쓰면 모양을 잡기 쉽다.

조랭이파래떡국

조랭이떡은 작고 귀여워서 아이들의 입에 딱 맞다. 입에 넣고 오물오물 먹는 모습이 더 귀엽다. 칼슘과 철분이 많은 파래에서는 그 향이 코가 뻥 뚫리듯 시원하고 바다 냄새가 난다.

조랭이떡 200g(말랑한 상태), 파래 60g, 달걀 1개, 다진 마늘 1T, 국간장 1/2T, 참기름, 소금 약간 <u>육수 재료</u> 물 1.5L, 다시마 1장(5X5cm), 멸치 50g, 대파 50g

---

1 분량의 육수 재료를 넣고 약불에서 20분 끓인다.
2 파래는 흐르는 물에 살살 씻어 끓는 물에 데친다.
3 황백지단을 만든다.
4 냄비에 손질한 파래, 참기름을 넣고 살짝 볶은 후 준비한 육수를 붓는다.
5 4가 끓으면 조랭이 떡을 넣고 다진 마늘, 국간장으로 간을 한 후 대파와 소금을 넣어 마무리한다.

Tip 파래 대신 매생이, 김으로 끓여도 맛있다. 담백한 멸치 육수 대신 사골 국물도 좋고, 만두를 넣어 끓여도 좋다. 파래를 끓는 물에 데쳐 사용하면 불순물을 제거할 수 있다.

Tip

토마토소스

1 팬에 오일을 두르고 다진 마늘을 볶다가
 작게 썬 양파, 셀러리를 볶는다.
2 야채가 어느 정도 익으면 토마토 페이스트를 넣는다.
3 토마토의 껍질을 제거하고 잘게 다져 함께 볶는다.
4 물 1C와 월계수 잎 1장을 넣어 소스의 농도가
 될 때까지 끓이고 월계수 잎은 건져내고
 바질과 소금, 후추로 간을 하여 완성한다.

조개 육수

해감된 모시조개 70g을 차가운 물 2 1/2C를
약 10분간 끓여준 다음 면포에 걸러 사용한다.

해산물토마토스튜

일반적으로 스튜에는 고기류를 주재료로 많이 사용하지만 고기 대신 여러 해산물과 토마토를 넣으면 다양한 영양소를 고루 섭취할 수 있어 아이에게 좋다. 빵 또는 밥과 함께 곁들여도 잘 어울린다.

오징어 50g, 홍합 3~4개, 새우 2마리, 양파 40g, 조개 육수 1C, 당근 20g, 방울토마토 50g, 다진 마늘, 소금, 후추, 토마토소스 2T

<u>토마토소스</u> 토마토 페이스트 30g, 양파 20g, 셀러리 20g, 물 1C, 토마토 100g, 바질 5g, 다진 마늘, 소금, 후추, 월계수 잎, 올리브오일

<u>육수 재료</u> 모시조개 70g, 물 2 1/2C

1 오징어는 껍질을 제거하고 먹기 좋게 썬다.
2 홍합은 수염과 껍데기의 이물질을 제거한다.
3 새우는 껍질과 내장을 제거한다.
4 양파와 당근은 작은 크기로 썬다.
5 팬에 올리브오일을 두르고 다진 마늘, 양파, 당근, 방울토마토를 순서대로 볶는다.
6 5에 손질한 홍합을 넣고 볶다가 어느 정도 입이 벌어지면 새우를 넣고 함께 볶는다.
7 팬의 재료가 타지 않도록 조개 육수를 조금씩 넣어가며 볶아 새우가 어느 정도 익으면 오징어와 조개 육수 1C와 토마토소스 2T를 넣고 끓인다.
8 소금, 후추로 간을 한다.

로스트치킨

겉은 바삭하고 안은 부드러운 로스트치킨은 간편하면서도 폼나는 초대 요리로도 손색이 없다. 오븐에 구운 치킨은 담백해서 누구나 좋아하고 채소와 곁들여도 좋다. 아이의 입맛을 찾아주는데 치킨만 한 것이 또 있을까.

닭 1마리(中), 버터 60g, 올리브오일 30g, 다진 마늘 1/2T, 소금 1/2t, 레몬즙 1T, 통마늘 10개(50g), 후추, 로즈마리, 파슬리 가루 적당량씩

웨지감자 감자 1개(100g), 소금 1/5t, 후추, 올리브오일, 로즈마리 적당량

1 닭은 깨끗하게 씻어 물기를 제거한다.
2 버터는 실온 상태로 준비하고 올리브오일, 다진 마늘, 소금, 레몬즙, 통마늘, 후추, 로즈마리, 파슬리 가루를 섞는다.
3 닭의 껍질 속과 바깥 몸에 2를 골고루 바르고 닭의 사이사이에 칼집을 넣어 통마늘을 꽂는다.
4 감자는 웨지 형태로 잘라 소금, 후추, 올리브오일, 로즈마리를 넣고 버무린다.
5 닭과 감자를 190도로 예열된 오븐에서 30~35분 정도 굽는다. 웨지 감자는 15~20분 정도 익혀서 빼낸다.

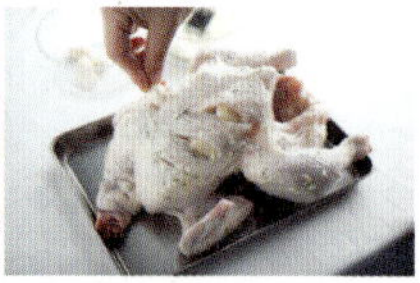

Tip 로즈마리나 파슬리 가루 등은 취향에 맞는 허브로 바꾸어 사용할 수 있다. 치킨을 찔러보았을 때 핏물이 나오지 않으면 다 익은 것이며 오븐 성능에 따라 오븐의 온도를 주의해 사용한다. 목 뒤와 꽁지 부분의 지방을 떼어내고 몸통 안의 불순물을 제거하고 사용한다.

해산물가지보트구이

보라색 채소인 가지는 특유의 부드러운 식감 때문에 사랑 받는 재료이다. 카나페처럼 우아하게 들고 먹을 수 있는 가지 구이의 변신은 반찬으로만 접하던 식상한 레시피를 벗어난 메뉴이다.

가지 2개, 새우 70g, 오징어 70g, 파프리카(빨강, 노랑) 20g씩, 양파 30g, 감자 80g, 모짜렐라치즈 80g, 토마토소스 4t, 빵가루 3t, 포도씨오일, 소금, 후추 적당량

해산물 밑간 소금, 후추 약간, 청주 1/3t

1 가지는 길게 반으로 잘라 숟가락으로 속을 파낸다.
2 끓는 물에 새우와 오징어를 데쳐 1X1cm 크기로 썰어 해산물 밑간용 재료를 넣어 밑간한다.
3 파낸 가지 속과 파프리카, 양파, 감자도 같은 크기로 썬다.
4 팬에 오일을 두르고 감자, 양파, 파프리카, 파낸 가지를 순서대로 볶고 소금, 후추로 간을 해 2의 재료를 넣고 볶는다.
5 1의 가지에 토마토소스를 바르고 4의 재료들로 속을 채워 다시 토마토소스를 발라 빵가루, 모짜렐라치즈를 얹어 180도로 예열된 오븐에서 10~13분 정도 굽고 파슬리 가루를 뿌린다.

알아두면 유용한 식재료 이야기 03

생크림과 휘핑크림

생크림

장점 | 첨가물이 들어가지 않아 맛이 부드럽고 고소하다.
단점 | 보존기간이 짧고, 휘핑시 조절을 잘못하면 사그라들며 광택 등의 이유로 아이싱크림으론 부족하다.

생크림은 동물성지방으로 원심분리기를 통해 우유에서 지방을 걸러낸 것이다. 파이, 케이크, 데코, 크림 파스타 등 베이킹과 요리에 쓰인다. 하지만 휘핑이 심하면 표면이 매끄럽지 않아 제품 완성 후 보형성이 떨어지고, 거품이 사그라져 데코레이션이 어렵다.

휘핑크림

장점 | 유통기한이 생크림보다는 길고 휘핑시 크림이 단단하고 광택이 좋아 케이크나 과자 등의 데코레이션용으로 생크림보다 좋다.
단점 | 첨가제가 들어 있고 생크림보다 맛이 좀 떨어진다.

휘핑크림은 가당과 무가당이 있다. 예를 들어 크림 파스타를 하는데 휘핑크림만 있다면 휘핑크림을 사용해도 무방하나 가당인지 무가당인지 확인하고 요리한다. 크림 파스타에는 휘핑크림보다 생크림으로 하는 게 느끼한 맛도 덜하고 맛이 좋다. 성분표를 잘 보고 구입한다.

건강을 생각한다면 소량의 첨가제가 들어간 생크림이 좋다.

버터와 마가린

버터는 우유에서 지방을 분리해 고체 상태로 만들어서 풍미와 맛이 좋지만 잘 녹는 성질이 있다. 바삭한 식감을 내야 하는 작업에는 마가린이 용이하다. 하지만 버터는 유화제나 식품 첨가물을 넣지 않았으므로 마가린보다 건강에는 좋다. 버터와 마가린의 장단점이 있으니 할 요리가 무엇인지 생각해보고 건강과 맛, 비주얼 등 각자의 취향에 맞게 버터와 마가린을 사용하는 것이 좋다.

버터

우유에서 분리한 지방을 숙성시켜 고체 상태로 만든다(동물성 지방). 100% 우유로 만들며 유지방 함량이 80% 이상 되어야 한다. 소금이 들어간 가염버터와 소금을 넣지 않은 무염버터가 있다.

장점

1 풍미가 좋고 부드럽고 촉촉한 식감을 준다.
2 고소한 맛이 나고 건조되는 것을 막아준다.
3 트랜스지방이 적게 들어 있다.

단점

1 가격이 비싸고 녹는점이 낮아 냉장 시 단단해지고 높은 온도에서 금방 녹는다.
2 보존기간이 짧고 다른 재료의 냄새가 흡착되기 쉽다.
3 마가린에 비해 바삭한 식감이 덜하다.

마가린

옥수수기름 등 식물성 기름의 원료로 수소를 결합시켜 포화상태의 경화유로 만든다(식물성 지방). 버터의 맛을 내기 위해 소금과 비타민 A, D, 유화제 등을 첨가한다. 나폴레옹 3세 때 전쟁 중에 비싸고 만들기 힘든 버터를 대체하기 위해 만들어졌다.

장점

1 가격이 낮고 보존기간이 길다.
2 마가린으로 작업 시 바삭한 식감을 낼 수 있고 가벼워서 부피감 있는 작업에 용이하다.
3 녹는점이 버터에 비해 높다.

단점

1 트랜스지방의 함유로 그대로 먹기엔 부적합하다.
2 향과 풍미가 떨어진다.

달력의 빨간 날엔 건강식

시간이 없는 워킹맘들이 엄두를 내지 못한 메뉴는 온 가족이 쉬는 휴일에 도전해 보는 것이 좋습니다. 매주 한 가지씩 다른 재료로 말이죠. 평소에 아이가 한 끼에 먹는 양이 적다면 한 번에 5대 영양소를 다 먹이겠다는 욕심보다는 일주일을 쪼개 하루하루 다른 재료로 메뉴를 짜서 먹이는 방법이 좋습니다. 휴일에는 원기를 돋우는 보양식을 만들어 가족이 함께 먹습니다. 손질하기 힘든 재료이거나 조리 과정이 번거로워 설거지가 나온다면 아빠에게 살짝 임무를 줘 보세요. 가족이 맛있게 먹고 힘을 내는 음식 앞에서는 휴일에 누워 있던 아빠도 슬며시 자리를 털고 일어날 것입니다. 지친 아이들은 건강식을 먹고, 더불어 엄마 아빠도 힘이 나는 건강한 주말이 됩니다.

독특하게 생긴 재료들을 보며 함께 이야기를 하다 보면 즐거움도 배가 됩니다.

전복스테이크

전복은 맑은 물에서 해초류만 먹고 자라나는 복족류과의 동물이다. 전복은 흔히 죽이나 회로 많이 먹지만 올리브오일에 넣어 먹어도 뛰어난 맛과 향, 영양분을 섭취할 수 있다. 아이들이 전복을 보면 낯설어서 거부할 수도 있지만 익혀 먹으면 식감이 좋아 금세 익숙해지고 다시 찾는다.

전복 2미, 양파 20g, 아스파라거스 20g, 캐슈넛 2T, 들기름, 소금, 후추 약간

소스 와인 식초 1T(과일 식초도 가능) , 포도씨오일 1T, 설탕 1T, 간장 1/2T, 생강즙 1/4t

1 소스 재료를 섞어 숙성시킨다.
2 전복은 손질 후 칼집을 내어 들기름에 노릇하게 굽는다.
3 양파는 채 썰고 손질한 아스파라거스는 뜨거운 물에 데쳐 차가운 물에 담가 물기를 제거하고 얇게 어슷썰어 팬에 가볍게 볶는다.
4 팬에 캐슈넛을 넣고 구워서 굵게 다진다.

Tip 전복 손질법 전복을 솔로 깨끗하게 닦아 끓는 물에 살짝 데쳐 전복 살을 발라내고 입 부분을 제거한다. 캐슈넛 대신 호박씨를 들기름에 볶아 곁들이면 고소하다.

일본식오야꼬동

닭고기는 단백질 함량이 다른 육류에 비해 높아 아이들의 두뇌 운동을 활발하게 한다. 또한 섬유질이 가늘고 연해 소화 흡수가 잘 된다. 한 그릇에 닭과 달걀을 모두 담은 오야꼬동은 닭다리살 특유의 부드러움 때문에 아이들이 좋아하는 메뉴이다.

닭고기 안심 200g, 달걀 4개, 양파 1/4개, 참나물 20g, 밥 350g

<u>육수 재료</u> 다시물 200ml , 청주 50ml, 맛술 50ml, 설탕 1T, 간장 60ml

1 오야꼬동 육수 분량을 잘 섞는다.
2 닭고기살을 주사위 모양으로 자른 후 끓는 물에 넣어 표면이 하얗게 되면 찬물에 담가 식혀 물기를 없앤다.
3 양파는 채 썰고 참나물은 1.5cm 길이로 썬다.
4 볼에 달걀을 잘 풀어놓는다.
5 돈부리 전용 냄비(혹은 작은 프라이팬)에 분량의 양파, 닭고기, 육수 1/2C를 넣고 끓이다가 참나물, 달걀을 넣는다.
6 1인분 분량의 밥 위에 5를 담아 완성한다.

Tip 한꺼번에 많은 분량을 하기보다는 1회 분량씩 만들면 더욱 맛있다. 닭고기 대신 샤브용 소고기를 써도 좋다.

삼계죽

넉넉히 불린 찹쌀로 끓인 죽은 유난히 고소하고 맛이 있다. 닭 육수와 어우러진 찹쌀은 인삼 향, 대추의 단맛, 마늘의 아린 맛과 하나가 된다. 부드러운 죽식을 아이들이 가끔씩 찾는 이유는 이유식에 대한 기억 때문인지도 모른다.

쌀 1C, 참기름 1t, 국간장 1t, 소금, 다진 마늘 1/2T, 통깨

육수 재료 닭다리 150g, 닭 안심 150g, 물 1.5L, 다시마 10g, 통마늘, 대파, 통후추

1 닭다리와 안심은 깨끗이 씻어 끓는 물에 5분간 삶아 불순물과 잡내를 제거하고 분량의 육수 재료와 함께 20분간 약불에서 끓인다.
2 쌀은 30분 이상 불려서 준비한다.
3 냄비에 육수를 조금 넣고 불린 쌀을 넣어 볶다가 나머지 육수를 붓는다.
4 닭다리살과 안심은 살을 발라 참기름과 국간장으로 무쳐 재운다.
5 3이 끓으면 다진 마늘을 넣고 약불로 줄여 충분히 끓인다.
6 죽 그릇에 5를 담고 4의 고명을 얹는다.

Tip 고명에 간이 되어 있으므로 식성에 맞게 소금을 따로 준비한다. 불리지 않은 쌀을 사용할 경우나 이유식일 경우는 쌀을 믹서에 갈아서 사용한다. 육수를 따로 만들어 냉동 보관하여 사용해도 좋다.

브로콜리새우볶음우동

브로콜리는 겨울부터 봄까지가 제철이다. 엽산이 풍부한 브로콜리는 비타민 함량도 높다. 아이에게 먹이며 엄마도 알레르기 비염 때문에 아이보다 브로콜리를 더 즐겨 먹게 된다. 익히면 붉은색이 나는 새우와 초록색 브로콜리는 식욕을 자극한다.

브로콜리 40g, 중하 새우 3마리, 우동 면 50g, 양파 20g, 양배추 40g, 숙주 40g, 다진 마늘, 올리브오일, 소금, 후추
소스 간장 3t, 올리고당 1t, 맛술 2t, 다시마 육수 5t

1. 브로콜리는 한입 크기로 끓는 물에 살짝 데쳐 찬물에 식힌다.
2. 새우는 껍질과 내장을 제거해 준비한다.
3. 우동 면은 생면을 사용하고 끓는 물에 2분간 데쳐 물기를 제거하고 소량의 올리브오일로 버무린다(면이 붇는 것을 방지하고 수분을 유지시킬 수 있다).
4. 양파는 채 썰고 양배추는 새끼손가락 크기로 썰며 숙주는 깨끗이 씻는다.
5. 팬에 오일을 두르고 다진 마늘, 양파, 양배추, 숙주 순서대로 강불에서 볶는다.
6. 채소가 어느 정도 숨이 죽으면 우동 면과 소스를 넣어 볶는다.

Tip 매운 맛을 내는 식재료(건고추, 베트남고추, 편마늘 등)를 더하면 칼칼하게 먹을 수 있는 어른 메뉴로 활용할 수 있다. 소스에 굴소스를 더하면 좀더 진한 맛을 낼 수 있다.

해산물토마토카레

강황과 수퍼푸드인 토마토가 만난 이색적인 메뉴이다. 생각보다 자연스럽고 맛도 잘 어울린다. 토마토를 싫어하는 아이에게 토마토카레는 토마토를 먹게 할 수 있는 좋은 음식이다.

오징어 100g, 토마토 300g, 감자 100g, 양파 100g, 브로콜리 50g, 새송이버섯 50g, 우유 100ml, 물 3C, 카레 가루 70g, 청주, 오일 약간

1 오징어는 손질 후 2cm 길이로 썰어 청주를 뿌려 놓는다.
2 감자, 양파, 브로콜리, 새송이버섯은 사방 1.5cm 크기로 썬다.
3 토마토는 사방 2cm 크기로 썬다.
4 분량의 물에 카레 가루를 풀어 놓는다.
5 팬에 오일을 두르고 양파, 감자, 브로콜리, 새송이버섯, 오징어 순으로 볶는다.
6 5에 4를 넣고 끓이다가 우유와 토마토를 넣고 끓여서 완성한다.

Tip 해산물은 철에 따라 새우, 살을 발라낸 흰살 생선 등으로 대체 가능하다. 생크림을 더하면 더욱 고소한 맛을 낼 수 있다. 볼에 물과 카레 가루를 먼저 풀어서 사용하는 게 좋다.

바지락미역채소죽

3~4월에 가장 맛있는 바지락. 〈자산어보〉에는 '살도 또한 풍부하며 맛이 좋다'고 나온다. 바지락과 미역을 넣어 끓인 채소죽은 맛있는 영양식이다. 아이와 서해의 갯벌을 체험하고 바지락에 대해 가족과 이야기하며 먹으면 좋겠다.

쌀 1/2C, 바지락 300g, 물 1L, 불린 미역 30g, 양파 30g, 새송이버섯 30g,
다진 마늘 1/2t, 참기름 2t, 국간장 1t, 소금 약간
바지락 밑간 다진 마늘 1/4t, 참기름 1t

1 쌀은 씻어서 불린 후 체에 걸러 물기를 제거한다.
2 해감한 바지락은 차가운 물 1L를 넣고 끓여 바지락이 익으면 꺼내 살은 발라내고 다진 마늘과 참기름으로 밑간을 한다(육수는 보관).
3 불린 미역은 물기를 짜내 작게 썰고 양파와 새송이버섯도 먹기 좋은 크기로 썬다.
4 냄비에 참기름을 두르고 불린 쌀을 볶다가 미역, 양파, 새송이버섯을 넣어 볶는다.
5 5에 2의 육수를 넣고 끓으면 다진 마늘과 2의 바지락을 넣고 국간장과 소금으로 간을 한다.

Tip 쌀은 씻어서 30분~1시간 불린다. 쌀을 볶을 때는 쌀알이 투명해질 정도로 볶는다. 각 가정마다 국간장이나 소금의 염도가 달라 입맛에 맞게 조절하고 국간장으로 80%의 간을 하고 마지막 간은 소금으로 한다. 바지락은 깨끗이 씻어 3%의 소금물에 반나절 이상 해감한다.

호윤아 밥먹자

집에서 차린 외식 요리

밖에서 먹는 음식을 집에서 만드는 일은 흥미롭습니다. 집에서 만들면 재료를 아끼지 않고 많이 넣을 수 있으니 더욱 푸짐하게 즐길 수 있습니다. 평소 가족이 좋아하는 외식 메뉴가 있다면 자신 있게 도전해 보세요.

'밖에서 먹었던 음식을 어떻게 엄마가 만들었지?'

아이는 궁금해 합니다. 사실 아이들은 잦은 외식보다는 집에서 먹은 음식을 더 오래 기억합니다. 바로 엄마의 손맛이 있기 때문입니다. 엄마의 정성이 담긴 음식을 먹고 자란 아이는 그렇지 못한 아이들보다 밝고 건강하게 자라납니다. 아이들 모두가 정성이 담긴 음식을 먹고 자랐으면 합니다. 아이는 집에서 먹는 외식을 좋아합니다. 엄마 아빠에게도 좋은 점이 있습니다. 외출을 준비할 시간에 편안한 차림으로 양파를 까고 과일을 깎으면 되니까요. 가장 가까운 사람들과 식사를 하는 것이 가장 맛있는 밥을 먹는 일입니다. 편안한 외식을 즐기는 호사는 이렇게 누리는 것입니다.

1

—

홍합나가사키라면

—

달래김치감자전

—

더덕무침

—

무생채

라면은 무조건 안 된다고 하면 아이는 어쩌다 먹게 되는 라면에 더욱 탐닉한다. 홍합을 넣은 라면은 라면이라고 하기에는 고급스러운 요리이다. 다양한 반찬을 함께 곁들인다면 꼭 밥이 아니라도 멋진 한끼 식사가 된다.

홍합나가사키라면

껍질 홍합 40~50g, 생라면 150g, 양파 20g, 당근 15g, 양배추 30g, 숙주 80g, 청경채 20g, 대파 10g, 포도씨오일 1/2T, 다진 마늘 1t, 소금 1/5t, 청주 1t, 국간장 1t

육수 재료 껍질 홍합 250g, 물 800ml, 다시마 5X5cm 1장, 양파 30g, 대파 10g, 통마늘 4~5개, 청주 1T

1 육수 재료 중 청주를 제외한 재료들을 냄비에 넣고 끓으면 청주를 넣고 불순물을 걷어내며, 끓인 후 건더기를 걸러내고 홍합 살을 따로 발라낸다(홍합 1/3 정도는 따로 남겨둔다).
2 양파와 당근은 채 썰고 양배추는 1X3cm 크기로 썬다.
3 숙주는 머리와 꼬리를 떼고 청경채와 대파는 어슷썬다.
4 생라면은 끓는 물에 데쳐 찬물에 식혀 물기를 없앤다.
5 냄비에 포도씨오일을 넣고 다진 마늘을 넣어 볶다가 2를 순서대로 넣고 소금 간을 해서 남겨둔 껍질 홍합을 넣고 마지막으로 청주를 넣어 볶는다.
6 5에 1의 육수를 붓고 끓여 3의 재료들과 1의 홍합살, 국간장을 넣고 준비해둔 생라면을 넣어 한소끔 더 끓인다.

Tip 홍합은 오래 익히면 질겨지므로 육수를 낼 때 오래 끓이지 않도록 주의한다. 홍합 대신 모시조개나 바지락 등으로 대체할 수 있다.

홍합 손질법 홍합을 바락바락 문질러 깨끗하게 씻은 후 껍데기끼리 긁어서 겉면에 붙어 있는 이물질을 제거하고 수염을 제거한다. 생라면이 없을 경우 칼국수 면, 라면사리 등으로 대신할 수 있다. 모자라는 간은 소금으로 하고 어른들은 청양고추 등을 첨가한다.

달래김치감자전

감자中 3개(400g), 달래 20g, 김치 30g, 소금 1/6t, 포도씨오일 적당량

1 감자는 껍질을 벗겨 강판에 갈아 감자 건더기는 체에 걸러 물기를 짜고 감자 물은 따로 받아 놓는다.
2 감자 물은 30분 정도 두어 감자 전분이 가라앉게 한다.
3 김치는 물에 헹궈 물기를 짜고 잘게 다진다.
4 달래는 뿌리 부분을 칼등으로 으깨 1cm 길이로 썬다.
5 2의 윗물은 따라내고 가라앉은 감자 전분과 나머지 재료를 넣고 섞는다.
6 팬에 오일을 두르고 전을 부친다.

Tip 달래 뿌리 쪽에 묻어있는 흙을 잘 털어내고 뿌리 부분은 칼로 깔끔하게 정리한다. 해산물, 육류 등을 첨가하면 부족한 단백질을 보충할 수 있다.

더덕무침

더덕 100g, 밤 1개(15g), 대추 2개(5g), 잣 5g, 검은깨 약간 **양념** 식초 1T, 설탕 2/3T, 물 2T, 소금 1/2t

1 더덕을 손질한다.(Tip 참조)
2 양념 재료들을 분량에 맞춰 섞고 더덕에 양념 1/2 분량과 1을 넣어 30분 절인다.
3 절인 더덕은 물기를 제거한다.
4 밤은 얇게 편 썰고 대추는 돌려 깎기 후 곱게 채썬다.
5 잣은 가루가 될 정도로 곱게 다진다.
6 믹싱볼에 3, 4, 5와 남은 절반 분량의 양념을 넣고 버무린다.
7 6을 접시에 담고 검은깨를 뿌려 마무리한다.

Tip **더덕 손질법** 흙을 깨끗이 털어 씻은 후 뜨거운 물에 10초 정도 담갔다 차가운 물에 헹구고 껍질은 칼로 돌려가며 벗긴다. 이후 반으로 잘라 밀대로 가볍게 두들겨 손으로 찢어 준비한다. 더덕은 사포닌 성분이 풍부하며 피로 회복, 독소 배출, 기침, 천식에 효과가 좋다.

무생채

무 200g **양념** 고춧가루 1 1/2t, 설탕 1 1/4t, 액젓 1/2t, 소금 2/3t, 다진 마늘 1t, 2배 식초 1t

1 무는 결에 따라 채 썰어 준비한다.
2 채썬 무에 고춧가루를 넣고 물들인 후 나머지 재료들을 넣는다.
3 마지막에 식초를 넣어 마무리한다.

Tip 2배 식초를 넣어 물기를 적게 하는 것이 좋다. 고춧가루를 빼고 만들면 맵지 않은 무생채를 만들 수 있다.

2

—

토마토펜네파스타

—

저유분 모짜렐라치즈
미니돈가스롤

—

사과단호박스프

—

적양파포도피클

피자, 돈까스, 스파게티 이것은 아이들이 좋아하는 외식 메뉴이다. 집에서 만들면 집은 패밀리 레스토랑이 부럽지 않다. 이 참에 만들어둔 포도피클도 함께 내면 느끼함을 없애주고 잘 어울린다. 비타민 E가 풍부한 단호박과 사과로 끓인 스프를 곁들여 먹는다.

토마토펜네파스타

펜네 50g, 양파 20g, 양송이버섯 20g, 브로콜리 30g, 방울토마토 3개,
다진 소고기 20g, 모짜렐라치즈 20g, 다진 마늘, 소금, 후추
도우 강력분 100g, 물 60g, 올리브오일 1t, 소금 1g, 설탕 3g
토마토소스 토마토 페이스트 30g, 양파 20g, 새송이버섯 20g, 토마토 100g,
바질 5g, 다진 마늘, 소금, 후추, 월계수 잎, 꿀 1t, 올리브오일

1 물에 소금을 넣어 펜네파스타 면을 12분간 삶는다.
2 삶은 면은 물기를 제거하고 올리브오일을 뿌려 서로 붙는 것을 막는다.
3 양파, 양송이버섯을 작게 자르고 토마토는 반으로 썰어 준비한다.
4 브로콜리는 한입 크기로 잘라 소금물에 살짝 데치고 찬물에 식혀 준비한다.
5 팬에 올리브오일을 두르고 다진 마늘, 양파, 버섯을 볶다가 소금으로 간을 한 뒤 소고기와 함께 볶는다.
6 5에 방울토마토와 브로콜리, 펜네파스타 면을 넣고 토마토소스를 2T 넣어 소금, 후추를 뿌린다.
7 넓게 민 도우 반쪽 면에 6과 치즈를 얹고 도우의 반을 접어 만두 모양으로 만들어 160~170도 오븐에서 12분간 굽는다.

Tip 펜네 대신 다른 파스타 면으로도 활용이 가능하다. 토마토소스는 냉동 가능하며 피자, 라자냐 등의 소스로 사용해도 좋다.

토마토소스

1 팬에 오일을 두르고 다진 마늘을 볶다가 양파, 새송이버섯을 작게 썰어 볶는다.
2 채소가 어느 정도 익으면 토마토 페이스트를 넣고 볶는다.
3 토마토는 끓는 물에 살짝 담가 껍질을 제거하고 작게 다져 함께 볶는다.
4 물 1C와 월계수 잎 1장을 넣어 소스의 농도로 끓이고 바질을 넣어 소금, 후추 간을 한다.

저유분 모짜렐라치즈 미니돈가스롤

돼지고기 등심(얇게 자른 것) 200g, 모짜렐라치즈 70g, 파프리카(빨강, 노랑) 40g, 청피망 20g, 달걀 2개, 밀가루 20g, 빵가루 70g

<u>고기 밑간</u> 소금 1t, 후추 약간, 청주 1T

1 돼지고기를 밑간한다.
2 모짜렐라치즈를 먹기 좋은 크기로 자른다.
3 파프리카와 청피망은 채썬다.
4 밀가루에 1을 얇게 묻힌다.
5 2와 3을 4의 재료에 올려준 후 둥글게 만다.
6 달걀을 풀고 5의 재료를 달걀, 물, 빵가루 순으로 입힌다.
7 180도의 기름에 튀긴다.

Tip 돈가스롤 안에 들어가는 속 재료는 나물 종류로 대체해도 좋다. 저유분 돈까스를 원할 경우에는 밑바닥이 다소 두꺼운 작은 냄비에 2/3C 분량의 오일을 두르고 뚜껑을 덮고 튀긴다. 오븐을 사용할 경우에는 돈가스롤 표면에 붓으로 오일을 칠해 180~190도에서 굽는다.

사과단호박스프

사과 200g, 단호박 100g, 양파 30g, 버터 10g, 우유 1C, 생크림 1/4C, 물 1C, 포도씨 오일, 소금, 후추

1 사과, 단호박, 양파는 작고 얇게 썬다.
2 냄비에 포도씨오일과 버터를 넣고 1의 재료들을 충분히 볶다가 물 1C를 붓고 5~10분 끓인다.
3 2를 식힌 다음 블렌더에 넣고 우유 1/2C와 곱게 간다.
4 냄비에 3과 우유 1/2C, 생크림 1/4C를 넣고 소금, 후추로 간을 한다.

Tip 식성에 따라 계피를 첨가해도 좋다. 단호박 대신 고구마, 감자 등을 이용할 수 있다.

적양파포도피클

적양파 2개, 포도(레드글로브) 1송이, 식초 1/2C, 설탕 1/2C, 물 3/4C,
월계수 잎 1장, 피클링스파이스 1/3t, 레몬 슬라이스 3쪽, 소금, 통후추

1 적양파는 먹기 좋은 크기로 썰어 준비한다.
2 포도는 깨끗이 씻어 반으로 잘라 씨를 빼고 1과 함께 담는다.
3 냄비에 나머지 재료들을 넣고 끓여서 2에 붓고 식힌다.

Tip 어른용 피클을 만들 때 일반 식초 대신 레드와인식초를 사용하면 좀 더 진한 풍미를 느낄 수 있다.

3

—

전복영양밥

—

들깨배추우거지된장국

—

연근해물전

—

부추차돌박이샐러드

재료에 따라 영양을 보충할 수 있는 영양밥에는 전복과 은행, 대추, 잣 등이 들어 있다. 몸과 마음을 차분하게 하는 연근해물전과 부드러운 맛이 나는 들깨배추된장국, 피를 맑게 하는 부추차돌박이샐러드는 영양밥과 궁합이 잘 맞는다. 아이는 물론 아빠도 무척 좋아하는 메뉴이다.

전복영양밥

전복 3미, 은행 20g, 밤 20g, 쌀 1C, 육수 1C

<u>육수 재료</u> 전복 껍질, 다시마 1장, 간장 1/4t, 물 3C

1 전복은 깨끗이 손질하고 쌀은 30분 이상 불린다.
2 육수 재료를 넣어 1 1/2C 분량의 육수를 만든다.
3 전복은 작은 크기로 썰고 일부는 볶아서 준비한다.
4 은행은 볶고 밤은 껍질을 깎아 작은 크기로 자른다.
5 냄비에 불린 쌀, 전복, 생밤, 은행, 육수 1C를 붓고 밥을 짓는다.
6 그릇에 밥을 담고 볶아 놓은 전복을 올려 완성한다.

Tip **전복 손질법**–끓는 물에 전복을 껍데기가 바닥에 닿도록 놓고 15초 정도 데치면 몸통과 껍데기가 쉽게 분리된다.

들깨배추우거지된장국

삶은 우거지 80g, 양파 1/2개, 대파 30g, 된장 1 1/2T, 다진 마늘 1/2T,
들깨 가루 1/3C, 쌀뜨물 800CC, 참기름, 소금 약간

1 삶은 우거지에 다진 마늘과 참기름을 넣고 버무린다.
2 양파는 채 썰고 대파는 어슷썬다.
3 냄비에 1의 밑간한 우거지를 넣고 볶다가 쌀뜨물을 붓고 된장과 들깨 가루를 풀어 넣는다.
4 양파, 대파를 넣고 부족한 간은 소금으로 한다.

Tip 들깨 가루에는 오메가 3가 풍부하여 피를 맑게 해주고 아이들의 두뇌 발달에도 좋아 나물 무침, 찌개, 국, 선식 등 다양한 조리법으로 활용할 수 있다.

연근해물전

오징어 150g, 새우 50g, 연근 150g, 양파 30g, 청피망 20g, 홍피망 20g, 전분 3T, 달걀 1개, 소금 약간, 오일 적당량 <u>해물 데치기</u> 물 3C, 청주 1T

1 오징어, 새우는 손질하여 끓는 물에 청주를 넣고 데친 후 작게 자른다.
2 연근은 껍질을 제거한 후 1/2 분량은 강판에 갈고 나머지 1/2 분량은 잘게 다진다.
3 양파, 청피망, 홍피망은 잘게 다진다.
4 믹싱볼에 위의 재료들과 전분, 달걀, 소금을 넣고 반죽한다.
5 팬에 오일을 두르고 앞뒤로 노릇하게 굽는다.

Tip 연근의 식감을 싫어하는 아이가 있다면 연근을 강판에 갈아서 사용한다. 해산물은 수분 함량이 많으므로 데친 후 사용하면 수분이 나오는 것을 줄일 수 있다. 연근은 식촛물에 데쳐내면 떫은맛과 변색을 막는다. 연근에는 단백질 소화를 돕는 '뮤신' 성분이 있어 해물, 고기 등과 잘 어울린다.

부추차돌박이샐러드

소고기차돌박이 100g, 영양부추 40g, 적양파 20g

오리엔탈드레싱 간장 2/3T, 올리브오일 1T, 식초 0.5T, 설탕 1T, 다진 마늘 1/2t

1 오리엔탈드레싱을 만들어 숙성한다.
2 부추를 4cm로 자른다.
3 적양파를 얇게 채 썰어 찬물에 담근다.
4 끓는 물에 차돌박이를 데치고 얼음물에 담갔다 뺀다.
5 접시에 차돌박이를 올리고 2, 3을 올린다.

Tip 차돌박이를 데쳐 얼음물 처리를 하면 식어도 쫄깃한 식감이 유지되어 차가운 샐러드로 적합하다. 아이들에게는 영양부추가 다소 매울 수 있으니 참나물, 사과 등을 곁들이면 좋다.

4

—

시금치꽃게리소토

—

저유분 오미자버섯탕수

—

요거트드레싱 단감샐러드

—

블루베리파인애플스무디

시금치는 비타민과 미네랄이 풍부하고 엽산이 풍부해 아이의 두뇌 발달에 좋은 음식이다. 어지럽고 눈의 피로감을 느끼는 아이에게도 좋다. 꽃게 육수를 머금은 리소토는 볶음밥보다 쌀에 수분이 많다. 비만인 아이에게 좋은 버섯탕수와 피로 회복, 소화 흡수에 좋은 블루베리파인애플스무디를 곁들인다.

시금치꽃게리소토

암게 1마리, 쌀 1/2C, 시금치 30g, 양파 30g, 파마산 치즈 가루 10g,
꽃게 육수 2 1/2C, 소금, 후추, 다진 마늘, 올리브오일 약간
<u>꽃게 육수</u> 물 600ml, 꽃게 한 마리, 통마늘 4~5개, 청주 2T

1 꽃게는 깨끗이 씻어 손질하여 육수 재료와 함께 15분간 끓인다.
2 꽃게는 속살과 알을 분리해 준비하고 꽃게 삶은 물은 면포로 걸러 육수로 사용한다.
3 시금치는 끓는 물에 살짝 데쳐 다진다.
4 올리브오일과 다진 마늘, 양파를 볶고 쌀은 투명해질 때까지 볶되 타지 않도록 꽃게 육수 1C 분량을 넣으며 볶는다.
5 쌀이 어느 정도 익으면 꽃게 육수를 이용하여 2/3 정도 익힌다.
6 다진 시금치를 넣고 손질해 놓은 꽃게 속살과 알을 넣어 되직해지도록 볶아 소금, 후추로 밑간을 하고 파마산 치즈로 간을 한다.
7 육수가 자작해져 농도가 진해지면 불을 끄고 접시에 담아 데친 시금치와 게살을 토핑하여 완성한다.

Tip 게 손질법 소금물에 흔들어 씻은 후 솔로 깨끗이 닦아 배딱지를 떼고 등딱지 안쪽에 아가미, 눈, 모래주머니를 제거한다.

저유분 오미자버섯탕수

돼지고기(등심) 100g, 표고버섯 100g, 식용유 100ml, 소금, 후추, 청주 적당량씩
튀김용 감자 전분 2/3C, 물 1C, 달걀 흰자 1/2개
오미자소스 양파 30g, 청피망, 홍피망 30g씩, 파인애플 30g, 물 2/3C,
오미자 액기스 3T, 식초 2T, 설탕 2T, 간장 2T, 물 전분 2T, 소금, 후추 적당량

1 튀김용 재료 중 감자 전분과 물을 섞어 30분 정도 불리고 윗물은 따라내고 달걀 흰자를 섞어 튀김용 반죽을 만든다.
2 돼지고기는 적당한 크기로 썰어 소금, 후추, 청주로 밑간한다.
3 밑동을 자른 표고버섯은 적당한 크기로 자른다.
4 스테인리스 냄비에 식용유를 붓고 1~2분 정도 예열한다. 돼지고기와 표고버섯을 튀김용 반죽에 넣어 튀김 옷을 입힌 뒤 냄비에 넣고 뚜껑을 덮어 4분 정도 튀긴다. 튀김을 뒤집어서 3분 정도 더 튀긴다(두 번 튀겨 식감을 살리는 것이 좋다).
5 오미자소스를 만든다.
①양파, 청·홍피망, 파인애플은 적당한 크기로 썬다.
②냄비에 ①의 재료들을 넣고 가볍게 볶아(필요 시 소금 간) 물, 오미자 액기스, 식초, 설탕, 간장을 넣고 끓이다가 물 전분을 넣어 농도를 맞춘다.
6 튀긴 표고버섯에 오미자소스를 뿌려 완성한다.

Tip 냄비 안에 열이 가해져 뚜껑에 생긴 수분 때문에 기름이 튈 수 있으니 뚜껑을 열 때는 조심해야 한다.

요거트드레싱단감샐러드

샐러드 채소 80g, 단감 100g, 키위 60g

<u>요거트드레싱</u> 플레인 요거트 60g, 레몬즙 1T, 꿀 1T, 소금, 후추 약간

1 분량의 재료를 섞어 요거트드레싱을 만든다.
2 단감과 키위는 껍질을 벗겨 주사위 모양으로 썬다.
3 접시에 샐러드 채소와 2를 넣고 요거트드레싱을 뿌린다.
4 기호에 따라 견과류를 추가한다.

Tip 요거트드레싱은 보관 기간이 짧아 2~3일 안에 먹는 것이 좋다. 드레싱을 만들 때 당분은 꿀, 올리고당, 아가베시럽 등으로 다양하게 사용할 수 있다. 샐러드 채소와 과일은 계절에 따라 제철에 나는 것으로 대체한다.

블루베리파인애플스무디

파인애플 150g, 블루베리 50g, 생강 1g, 얼음 50g

1 재료들을 블렌더에 넣고 간다.
2 컵에 옮겨 담는다.

Tip 우유, 생크림 등을 첨가하여 '아이스바'로 만들면 아이들 간식용으로 좋다. 스무디에 견과류를 첨가하면 좀 더 고소한 맛을 낼 수 있다.

베이킹소다와 베이킹파우더

발효와 팽창

빵은 이스트, 즉 압축된 미생물들이 빵을 만드는 과정에서 당분을 섭취하고 이산화탄소를 배출하는 과정을 거치면서 실온에서 부푼다(발효 과정).
과자는 베이킹파우더와 소다와 같은 화학 팽창제가 물과 온도에 반응하면서 이산화탄소를 발생시켜 반죽을 굽는 과정에서 팽창하게 된다(과자에서는 발효 과정이란 말을 쓰지 않는다).

드라이 이스트와 생 이스트

생 이스트는 살아있는 효모를 압축시킨 상태로 드라이 이스트보다는 빵의 풍미를 좋게 하며, 설탕과 버터 등 당이 많은 반죽에 사용하면 좋다.
드라이 이스트는 압축 생 효모를 건조시킨 것으로 발효력이 생 이스트보다 좋으며, 당분과 버터 등 당이 적게 들어가는 반죽에 사용한다(드라이 이스트:생 이스트 = 2:1).

바게트 반죽의 주재료는 밀가루와 물이다. 이것은 효모가 활발하게 활동할 수 있는 먹이가 적다는 것을 말한다. 따라서 생 이스트가 아닌 발효력이 좋은 드라이 이스트를 사용한다.

베이킹소다와 베이킹파우더

베이킹소다는 알칼리성을 띄는 화학 팽창제이다. 또한 원재료의 색을 부각시키는 역할을 한다(특히, 코코아가 들어간 제품). 베이킹파우더보다는 팽창력이 강하다(베이킹소다:베이킹파우더 = 2:1).
베이킹파우더는 베이킹소다의 단점을 보완한 화학 팽창제이다. 완성품에 쓴맛이 덜하고 제품의 고유색을 유지시켜 준다(베이킹소다 사용 시 누렇게 되는 현상이 나타난다).

코코아 가루가 들어간 제품은 일반 밀가루 반죽보다는 무겁고, 초콜릿 색처럼 진한 색깔을 내므로 팽창력이 강하고 원재료의 색을 부각시키는 베이킹소다를 사용한다.

올리브오일의 종류

주변에서 흔히 접하게 되는 올리브오일이 바로 엑스트라버진 올리브오일이다. 엑스트라버진 올리브오일은 버진 올리브오일의 종류 중 하나이다. 버진 올리브오일은 올리브 열매에 열을 가하지 않고 기계적 혹은 물리적 공정(세척, 으깨기, 압착, 여과 등)을 통해 얻은 기름이다.
여기서 버진(Virgin)은 '자연 그대로의' 라는 뜻이다. 말 그대로 일체의 다른 첨가물을 사용하지 않고 다른 종류의 기름과도 혼합하지 않은 순수한 올리브오일이다. 엑스트라버진 올리브오일은 버진 올리브오일 중에서도 완벽한 향과 맛을 가진 올리브오일로서 올레인산의 산도가 1% 이하인 최고 등급의 버진 올리브오일에만 붙여지는 이름이다.

버진 올리브오일은 열을 가하지 않고 만들어졌기 때문에 열에 약하다. 특히 엑스트라버진 올리브오일은 튀김용으로 자주 사용하는 일반적인 콩기름과는 달리 발화점이 180도 정도로 낮은 편이다. 높은 열을 이용해서 조리할 경우 엑스트라버진 올리브오일은 고유의 맛과 향을 잃게 된다. 엑스트라버진 올리브오일을 사용할 때는 고유의 맛과 향을 제대로 즐기기 위해서 주로 샐러드나 드레싱 등 차가운 요리에 사용한다. 튀김류의 요리에 사용하는 올리브오일도 있다. 엑스트라버진 올리브오일 이외에도 올레인 산의 정도에 따라 파인 버진 올리브오일, 레귤러 버진 올리브오일 등이 있다.

- **엑스트라버진 올리브오일 - 올레인산 산도 1% 이하**
- **파인 버진 올리브오일 - 올레인산 산도 1.5% 이하**
- **레귤러 버진 올리브오일 - 올레인산 산도 3.3% 이하**

올레인산 산도가 낮다는 것은 산화하지 않은 신선한 올리브오일이라는 말과 같다. 올리브오일은 개봉하면 바로 산화가 시작되기 때문에 작은 사이즈로 구매하고 개봉 후엔 빠른 시일 안에 사용하는 것이 좋다.

첨가물 걱정 없는 건강 간식

엄마들은 자신이 다른 엄마들보다 아이에게 잘해주지 못한다고 생각합니다. 워킹맘이라면 더더욱 그렇습니다. 하루 종일 아이에게 시간을 할애하는 엄마들에 비해 일하는 엄마의 시간은 늘 부족하기만 합니다. 하루쯤 시간을 내서 아이의 간식을 만들어 보면 어떨까요?

간식에 들어갈 재료를 직접 눈으로 보고 고르면 더 좋습니다. 요즘은 아이들도 유치원이나 학교에서 요리를 배우고 제법 할 수 있는 요리도 많습니다. 이 기회에 엄마와 함께 만들어 보는 것도 좋은 방법입니다. 직접 만든 간식은 '나쁜 첨가물이 들어 있지 않을까?'라는 염려를 하지 않아도 됩니다. 또 가족들의 입맛에 따라 소금이나 설탕의 양을 조절해서 넣을 수 있으니 맞춤 간식입니다. 사람들끼리 믿지 못하는 요즘, 입맛에 꼭 맞는 간식을 만들어 주는 것은 아이에게 '믿음'이라는 단어를 가르쳐주는 저만의 방법입니다.

건강찰떡파이

쫀득한 찰떡을 아이들은 좋아한다. 견과류를 넣어 만든 찰떡 파이는 식사 대용 간식이다. 두뇌에 좋은 견과류를 간식에 넣으면 매일 규칙적으로 먹는 습관을 들일 수 있다.

찹쌀가루 170g, 설탕 17g, 소금 1g, 베이킹파우더 1g, 호두 20g, 삶은 고구마 30g, 밤 20g, 우유 120ml, 포도씨오일 적당량

1 준비하기
- 필요도구: 볼, 거품기, 핸드믹서, 고무주걱, 프라이팬, 뒤집개 등
- 재료 전처리
  -가루 재료: 찹쌀가루, 베이킹파우더를 체에 내린다.
  -견과류: 호두는 오븐에 굽는다.
  -밤·고구마: 삶아서 잘게 자른다.

2 볼에 가루 재료와 설탕, 소금을 넣고 잘 섞는다.
3 2에 우유를 넣고 날가루가 보이지 않도록 손으로 반죽한다.
4 3에 준비해둔 호두, 고구마, 밤을 넣고 고루 섞는다.
5 4의 반죽을 밀어 8cm 정도의 원형틀로 모양을 찍는다.
6 오일을 살짝 둘러 5를 넣고 달군 팬에 굽는다.
7 준비한 팬에 팬닝(반죽을 빵틀에 채우거나 철판에 나열하는 것) 후 예열된 오븐에 20~25분 굽는다.

Tip 찹쌀가루는 건식·습식 모두 사용 가능하다. 차가운 우유나 뜨거운 우유는 반죽에 섞을 때 덩어리질 수 있으므로 미지근한 우유를 사용한다. 생밤이 없을 경우 맛밤으로 대체할 수 있다.

유자청러스크

레몬보다 비타민 C가 3배나 많이 들어 있는 유자는 유자청으로 만들어 다양하게 활용할 수 있다. 유자청 러스크는 길쭉한 핑거푸드 형태라서 아이들이 들고 먹기에 편하다.

식빵 3쪽, 우유 50ml, 콩가루 4T, 유자청

1 식빵을 3등분으로 자른다.
2 50ml의 우유에 길게 자른 식빵을 담가 콩가루를 묻힌다.
3 180도 예열된 오븐에 10분간 굽는다.
4 완성된 러스크에 유자청을 곁들인다.

Tip_유자청을 식빵에 발라 오븐에 구워도 된다.

고구마치즈스틱

고구마와 모짜렐라치즈는 맛과 영양으로 궁합이 잘 맞는다. 아이와 함께 만들어 보는 것도 좋다. 치즈의 맛과 고구마의 맛, 빵가루는 각각 다른 맛을 가졌지만 잘 어울린다.

고구마 200g, 모짜렐라치즈 50g, 라이스페이퍼 6장, 달걀 1개, 밀가루 20g, 빵가루 70g

1 분량의 고구마를 삶아 뜨거울 때 으깬다.
2 모짜렐라치즈를 먹기 좋은 크기로 자른다.
3 라이스페이퍼를 따뜻한 물에 살짝 담가 고구마와 치즈를 넣고 말아준다.
4 3의 재료를 밀가루, 달걀, 물, 빵가루 순으로 묻힌다.
5 170도 예열된 오븐에 10분간 굽는다.

Tip 식이섬유가 풍부한 고구마는 치즈스틱뿐만 아니라 스무디, 경단, 푸딩 등 다양한 메뉴로 활용이 가능하다.

1 Tea Spoon
5.0 cc
1/2 Tea Spoon
2.5 cc
1/4 Tea Spoon
1.25 cc

오트밀뮤즐리바

필수 아미노산을 함유해 성장 발육을 촉진시키는 오트밀을 뮤즐리바로 만들어두고 출출할 때 하나씩 꺼내 먹으면 건강에도 좋고 맛도 좋은 간식이다. 오트밀뮤즐리바는 하루 종일 든든한 에너지원이 된다.

아몬드 80g, 오트밀 120g, 건 크렌베리 20g **시럽** 설탕 20g, 올리고당 20g, 물 15g

1 재료 전처리 및 준비하기
- 견과류: (아몬드, 오트밀) 오븐에 굽는다.
- 건 크렌베리: 물에 씻어 불린다.

2 시럽의 재료를 모두 냄비에 넣고 청을 끓인다.
3 아몬드는 반으로 자르고 크렌베리는 잘게 자른다.
4 2의 청에 3과 오트밀을 넣고 잘 섞어서 틀에 넣는다.
5 4의 틀에 칼집을 넣어 굳힌다.

Tip 크렌베리 대신 다른 건과일로 해도 좋다. 올리고당 대신 아가베시럽 등 다른 당류로 대체해도 좋다.

레몬진저마들렌

조개 모양의 마들렌은 포근하고 부드러운 식감으로 아이들에게 사랑 받는 과자이다. 그윽한 레몬 향이 풍미를 더해 맛도 좋다. 한꺼번에 너무 많이 먹게 되는 것이 단점이라면 단점이다.

박력 쌀가루 80g, 베이킹파우더 2g, 달걀 80g, 꿀 15g, 버터 70g, 설탕 40g, 생크림 10g, 생강즙 4g, 레몬 1/2개

1 재료 전처리 및 준비하기
- 가루 재료: (박력분, 베이킹파우더) 체에 내린다.
- 레몬: 레몬피는 강판에 갈고 즙은 짜서 준비한다.
- 생강: 강판에 갈거나 즙을 내서 준비한다.
- 마들렌 틀: 버터를 바르고 덧가루를 뿌린다.

2 달걀, 설탕, 꿀을 중탕하여 거품을 낸다.
3 버터에 생크림을 넣고 중탕으로 녹인다.
4 2에 가루 재료를 섞고 3과 레몬 껍질, 레몬즙, 생강즙을 넣고 섞는다.
5 완성된 4의 반죽을 30분 이상 휴지시킨다.
6 마들렌 틀에 90% 정도 패닝하고 175도 오븐에서 10분간 굽는다.

Tip 생강의 향과 맛을 진하게 내고 싶을 경우 2~3g 더 넣는다. 달걀 반죽 시 반죽 온도를 따뜻하게 하여 설탕을 녹이는 것이 좋다. 레몬 껍질을 갈아 제스트를 만들고 레몬즙을 짠다.

말캉말캉 두유푸딩

우유를 별로 좋아하지 않는 아이들에게는 두유를 활용한 푸딩을 만들어 주는 것이 좋다. 푸딩은 푸딩 자체의 말캉한 질감 때문에 아이들이 재미있어 하며 먹는다.

두유 400ml, 판 젤라틴 3장, 바닐라 빈 1개(바닐라 익스트랙 1t)

1 판 젤라틴을 차가운 물에 10분 정도 불린다.
2 바닐라 빈은 껍질을 반으로 갈라 속 안의 씨를 긁어낸다.
3 냄비에 두유와 2를 넣고 가장자리가 부글거릴 정도로 끓인다.
4 불린 젤라틴의 물기를 제거 후 3에 넣고 섞어 한 김 식힌다.
5 푸딩 컵에 4를 적당량씩 넣고 냉장 온도로 굳힌다.

Tip 판 젤라틴은 가루 젤라틴으로 대체 가능하며 판 젤라틴의 양의 80% 정도만 사용한다.

가루 젤라틴 사용법 가루 젤라틴 양의 5~10배의 따뜻한 물에 넣고 불려서 사용한다. 바닐라 빈은 바닐라 익스트랙으로 대체할 수 있다.

호윤아 밥먹자

마음이 예뻐지는 디저트와 음료

디저트라는 문화만큼 빠른 시간 안에 사랑받게 된 것이 있을까요? 백화점, 길거리, 지하철 역에서 형형색색의 디저트들이 보는 사람의 눈을 사로잡습니다. 무엇보다 디저트는 즐겁게 먹는 음식이라는 점이 그 매력입니다. 달콤한 디저트를 입에 넣고 서로 다투거나 슬프게 우는 사람은 없을 것입니다. '하하 호호' 웃으며 정다운 대화 속에서 나누어 먹는 음식이 바로 디저트입니다. 아이와 디저트를 즐기는 시간은 근사한 데이트를 하는 기분입니다. 날씨가 좋은 어느 날, 집안으로 들어오는 햇살을 바라보며 디저트를 만들어 보세요. 온 집안에 고소한 냄새가 가득 퍼진답니다. 아이와 엄마는 햇살처럼 환하게 웃습니다. 아이와 만든 디저트 한 조각을 아빠에게도 전해주세요. 엄마와 아이가 전하는 편지처럼 말이죠. 아빠도 모처럼 횡재하는 날입니다. 유난히 갈증을 많이 느끼는 아이와 아빠에게 탄산음료보다는 직접 만든 건강한 음료를 건네주는 것이 가족의 건강을 지키고 갈증을 잊게 하는 좋은 방법입니다.

캐롯애플컵케이크

지용성 비타민이 풍부한 채소인 당근과 피부 미용에 좋은 사과로 향긋한 컵케이크를 만들어 보자. 몸도 마음도 예뻐지는 기분이 들 것이다.

설탕 80g, 달걀 2개, 소금 3g, 오일 65g, 박력 쌀가루 170g, 베이킹파우더 10g, 시나몬파우더 3g, 호두 90g, 크렌베리 30g, 당근 100g, 사과 80g

1 준비하기
- 필요도구: 볼, 거품기, 핸드믹서, 고무주걱, 머핀 팬, 유산지 컵, 주걱 등
- 오븐 예열: 175℃
- 재료 전처리
  - -가루 재료: 박력분, 베이킹파우더, 시나몬파우더를 체에 내린다.
  - -견과류: 호두는 오븐에 굽는다.
  - -크렌베리 럼 또는 레몬 주스에 절인다.
  - -당근은 강판에 갈아서 준비한다. 사과는 잘게 잘라서 준비한다.

2 달걀과 설탕을 믹싱 볼에 넣고 미색의 거품이 나기 시작하면 오일을 넣고 거품을 내어 반죽한다.

3 위의 기본 반죽에 오일, 당근, 사과, 크렌베리, 가루 재료, 호두의 순으로 넣고 매끄러운 상태까지 가볍게 섞는다.

4 매끈하게 섞은 반죽을 준비해둔 팬에 팬닝 후 예열해둔 오븐에서 25분 굽는다.

크림치즈프로스팅

크림치즈와 생크림을 섞어 만든 크림치즈프로스팅을 얹어 장식한 컵케이크는 아이가 좋아하는 디저트 중 하나이다. 한 입 베어무는 순간 벌써 아이의 얼굴은 행복해진다.

크림 치즈 100g, 설탕 40g, 레몬즙 10g, 생크림 30g

1 준비하기
- 필요도구: 볼, 거품기, 핸드 믹서, 고무 주걱 등
- 믹싱볼 냉각: 생크림 휘핑 시 필요하다.
- 재료 준비
  - 크림 치즈는 실온에 꺼내 말랑한 상태로 준비한다.
  - 생크림은 차갑게 준비한다.

2 크림 치즈에 설탕을 넣어 설탕이 녹을 때까지 부드럽게 풀어준다.

3 위의 크림 치즈에 생크림을 넣어 거품을 내고 농도를 맞춘다.

4 위의 크림에 레몬즙과 럼을 넣고 마무리한다.
-크림 치즈 프로스팅 크림을 만들어 케이크 장식을 한다.
-크렌베리가 없을 경우에는 건포도로 대체할 수 있다.

리얼브라우니

브라우니의 쌉쌀한 초콜릿 맛과 안으로 들어갈수록 쫀득한 식감은 강한 중독성이 있다. 깊고 오묘한 맛에 기분이 좋아진다. 가끔은 이런 디저트가 가족 모두에게 필요하다.

달걀 2개, 다크초콜릿 80g, 무염 버터 90g, 황설탕 80g, 소금 1g, 박력 쌀가루 95g, 코코아파우더 15g, 베이킹파우더 1g, 우유 80g, 호두 40g, 초코칩 30g

1 준비하기
- 필요도구: 볼, 거품기, 핸드 믹서, 고무 주걱, 오븐 팬, 유산지, 주걱 등
- 오븐 예열: 175℃
- 재료 전처리
  -가루 재료: 박력분, 코코아파우더를 체에 내린다.
  -견과류: 호두는 오븐에 굽는다.

2 다크초콜릿과 무염버터를 중탕으로 녹여 식힌다.
3 식힌 초콜릿에 우유를 붓고 섞는다.
4 달걀에 황설탕을 넣고 설탕이 녹을 때까지 섞는다.
5 달걀 반죽에 3의 초콜릿 반죽을 넣어 섞고 가루 재료를 넣어 가볍게 섞는다.
6 5의 반죽에 호두와 초코칩을 넣고 섞는다.
7 준비한 팬에 팬닝 후 예열된 오븐에 20~25분 굽는다.

Tip 기호에 따라 초콜릿의 양을 10~20g 정도 늘려도 무관하다. 초콜릿의 양을 늘리게 되면 더욱 찰진 브라우니를 맛볼 수 있다. 황설탕이 없을 경우 백설탕으로 한다. 초코칩 대신 초코청크로 해도 좋다.

가토쇼콜라케이크

케이크가 진열된 쇼케이스를 보면 가토쇼콜라가 있는지 먼저 확인하게 된다. 가토쇼콜라의 자태를 보면 그 집의 케이크 맛을 연상할 수 있다. 어릴 적 이름도 낯설었던 '가토쇼콜라'라는 새로운 케이크에 대한 기억 때문일 것이다.

다크초코 34g, 무염버터 27g, 생크림 13g, 달걀노른자 30g, 박력분 10g, 코코아 가루 10g
머랭 달걀 흰자 65g, 설탕 30g(미니 원형틀 12cm)

1 박력분과 코코아 가루는 2번 체에 내린다.
2 다크초코와 무염버터는 중탕으로 녹여 데운 생크림을 섞는다.
3 2에 달걀노른자를 넣고 섞는다.
4 흰자에 설탕을 2~3번 나눠 넣고 머랭을 친다.
5 머랭에 3을 넣어 가볍게 섞고 1의 가루 종류도 고무 주걱으로 가볍게 섞는다.
6 5의 반죽을 케이크 틀의 60% 정도 담고 바닥에 내리쳐 공기를 뺀 후 180도로 예열된 오븐에서 30~35분 정도 굽는다.

Tip 다크초코와 무염버터가 중탕하여 온도가 높아졌으므로 달걀노른자를 넣을 때 온도가 너무 높지 않게 한다. 케이크틀이 없을 때는 머핀컵을 사용해도 되며 오븐의 사용 시간을 10분 정도로 조절한다. 머랭용 달걀 흰자는 차갑게 보관하고 80% 정도의 머랭을 올린다.

토마토셔벗

토마토를 잘 먹지 않는 아이들도 셔벗으로 만들어주면 시원한 맛 때문에 잘 먹는다. 토마토는 항산화제 식재료이기 때문에 요즘 아이들에게 꼭 필요하다. 면역력을 키워주는 좋은 재료이기도 하다.

토마토 2개(320g), 꿀 3T, 레몬즙 2T, 소금 1t

---

1 토마토는 +로 칼집을 내어 뜨거운 물에 넣었다 빼낸 후 껍질을 벗긴다.
2 믹서기에 1과 나머지 분량의 재료들을 넣고 간다.
3 2를 적당한 그릇에 붓고 냉동실에 넣어 살얼음이 낄 정도로 얼린 후 포크로 긁어 다시 냉동실에 넣는다.
4 3의 작업을 두세 번 정도 반복하고 셔벗 그릇에 소복이 담는다.

Tip 토마토의 당도에 따라 기호에 맞게 꿀의 양을 조절한다.

음료 3종

천연 재료로 만든 음료에는 비타민과 미네랄 등 좋은 성분을 함유하고 있다. 아이들은 먹는 양이 어른만큼 많지 않아서 음료 한 잔을 먹어도 좋은 재료로 만든 음료를 마시는 것이 좋다.

White 콜리플라워 120g, 바나나 100g(中 1개), 두유 300ml
Red 사과 240g(中 1개), 비트 50g, 액상 플레인 요거트 180ml, 레몬즙 적당량
Yellow 단호박 160g, 호두 10개, 우유 340ml, 아가베시럽 1t

White

1 콜리플라워는 찜통에 찌고 바나나는 껍질을 벗겨 적당한 크기로 자른다.
2 믹서에 1과 두유를 넣어 갈아서 컵에 담는다.

Red

1 사과와 비트는 껍질을 벗겨 적당한 크기로 자른다.
2 믹서에 1과 액상플레인 요거트, 레몬즙을 넣고 갈아 컵에 담는다.

Yellow

1 단호박은 찜기에 쪄서 껍질을 벗긴다.
2 호두는 팬에 로스팅하여 식힌다.
3 믹서의 1, 2와 우유, 아가베시럽을 넣고 갈아서 컵에 담는다.

Tip 토마토의 당도에 따라 꿀의 양을 조절한다.

된장의 종류
전통 된장, 미소 된장

우리나라의 전통 된장과 일본식 된장의 차이
전통 된장과 일본식 된장은 콩을 주원료로 하고 외형은 비슷하지만 제조 과정에서는 많은 차이가 있다.

우리의 전통 된장을 만들기 위해서는 콩으로 메주를 만들어 띄우는 일부터 시작해야 한다. 메주는 삶은 콩을 찧거나 으깨어 적당한 모양으로 만든 것으로 따뜻한 곳에서 띄운다. 메주를 띄우는 동안 공기 중의 미생물이 메주에서 증식하게 되며, 이 과정에서 고초균이라고 하는 세균과 곰팡이들이 증식하면서 메주의 독특한 냄새가 난다. 이렇게 만든 메주를 소금물에 띄워 햇볕을 쬐면 간장이 된다. 이 간장을 걸러낸 후 남은 메주 덩이에 소금을 더 넣고 다져 숙성시킨 것이 우리의 전통 된장이다.

반면 '미소'라고 불리는 일본의 된장은 메주를 띄우는 과정이 없이 찐 콩에서 순수하게 분리하여 증식시킨 곰팡이(종국)를 뿌려서 발효, 숙성시켜 만든다. 전통 된장으로 끓인 된장찌개가 일본식 미소 된장에서 느낄 수 없는 깊고 구수한 맛을 내는 것은 발효 과정에서 나온 미생물의 차이에 의한 것이다.

좋은 고춧가루 고르는 법과 보관방법

좋은 고추(고춧가루) 고르는 방법

1 말린 고추의 표면에 주름이 없고 모양이 균일한 것을 고른다.
2 단맛과 매운맛이 균일하게 나야 하고 껍질이 두꺼운 것이 좋다.
3 꼭지의 색이 단풍 색을 띄는 것을 고른다.
4 흔들어 보았을 때 속에서 달각달각 고추씨 소리가 나는 게 좋다.

고춧가루는 유통기한이 길다고 생각하기 쉽지만 날씨가 더울 때엔 벌레나 곰팡이 등이 생기기 쉽기 때문에 철저한 보관 방법으로 위생에 각별히 신경써야 한다.

고춧가루 보관 방법

1 고춧가루는 공기와 접촉하면 곰팡이와 벌레가 생길 수 있으므로 공기와의 접촉을 피한다.
2 높은 온도나 습도에 예민하므로 비닐이나 밀폐용기에 밀봉해 냉장/냉동 보관한다.
3 장기 보관 시 딱딱해지거나 색이 검게 변하므로 가급적 빨리 사용한다.
4 눅눅해진 경우 전자레인지에 돌리거나 달궈진 마른 팬에 볶아 수분을 날려서 보관한다.
5 고춧가루를 넣은 통에 이쑤시개를 2~3개 정도 꽂아 두면 제습 효과가 있다.
6 양이 많을 경우 소분해서 보관한다.

캠핑 요리

캠핑 요리라고 특별할 것은 없습니다. 야외에서 가족이 함께 보내는 시간은 이미 최고의 시간입니다. 그동안 집에서 먹고 싶었지만 이런저런 여건이 안 되어 할 수 없었던 요리가 가능해집니다. 숯을 피울 그릴이 있고, 커다란 냄비가 있으니 말이죠. 어떤 재료라도 캠핑 요리의 재료가 될 수 있습니다. 여럿이 어울려 먹는 음식은 아무리 솜씨가 없는 사람이 해도 맛있습니다. 숯불에 갖가지 재료들을 구워 먹고 남은 불에 아이들을 위해 준비한 마시멜로를 구워 먹으면 캠핑의 분위기는 서서히 무르익습니다. 아이들이 기뻐하면 성공입니다. 어차피 캠핑은 아이들을 행복하게 하는 선물이었으니까요.

모듬꼬치구이

캠핑에서 그릴을 할 때에는 재료를 스큐어에 꿰어 준비하는 것이 좋다. 크기가 일정해 굽기에도 편하고 먹기도 좋다. 불에 구우면 어떤 재료라도 은은하고 맛있게 먹을 수 있다. 아이들은 다 구워지길 기다리고, 아빠의 손은 바빠진다.

닭가슴살 100g, 소고기 안심 100g, 양송이 70g, 파프리카 50g, 파인애플 100g, 방울토마토 8개, 꼬치 8개 **닭가슴살 양념** 소금, 후추 약간

소고기 양념 청주 1t, 올리브오일 1t, 소금 1/8t **데리야끼소스** 간장 80ml, 맛술 80ml, 꿀 5T, 물 70ml, 양파 50g, 구운 대파 50g, 레몬 10g, 통마늘 20g

1 닭가슴살과 소고기는 먹기 좋은 크기로 잘라 각각의 양념에 밑간한다.
2 데리야끼소스는 끓여서 숙성시킨다.
3 양송이와 파프리카, 파인애플은 먹기 좋은 크기로 썬다.
4 팬에 양송이와 닭가슴살, 소고기를 굽는다.
5 꼬치에 모든 재료들을 꽂는다.
6 팬에 꼬치를 올리고 데리야끼소스를 발라 굽는다.

Tip 데리야끼소스는 미리 만들어 숙성시키고 냉장 보관 상태로 10일 정도 가능하다.

한입쌈밥

집에서 잘 먹지 않던 채소도 캠핑장에서는 잘 먹는다. 친구들이 먹으니 덩달아 먹는다. 이참에 상추와 깻잎, 치커리도 한입 크기로 싸 준다. 아이는 볼이 터질 듯 쌈밥을 입에 넣고 오물거린다.

양배추, 케일, 밥 적당량 **블루베리 쌈장** 고추장 1 1/2T, 미소 된장 2T, 꿀 2T, 참기름 1T, 블루베리 40g, 다진 소고기 30g, 통깨

소고기 밑간 소금, 후추, 다진 마늘 약간

1 양배추와 케일은 굵은 줄기를 제거하고 찜기에서 찐다.
2 다진 소고기는 핏물을 제거한 후 소금, 후추, 다진 마늘로 밑간을 해서 볶는다.
3 블루베리는 굵게 다져서 준비한다.
4 팬에 쌈장의 재료와 블루베리, 볶은 소고기를 넣고 끓여 걸쭉하게 만든다.
5 양배추와 케일에 밥과 쌈장을 담고 완성한다.

Tip 쌈장의 양은 입맛에 따라 조절한다. 쌈 채소로는 레드치커리, 비트 잎, 근대 잎, 깻잎 등이 적당하며 특히 산성 식품인 육류 섭취 시 알칼리성 식품인 채소를 곁들이면 영양적으로 균형을 이룬다. 쌈장에 견과류를 넣어 만들기도 한다.

BBQ베이비백립

밑간을 한 어린 등갈비를 숯불에서 익혀 BBQ소스 하나만 바르면 패밀리 레스토랑에서 먹는 것보다 더 맛있는 백립이 완성된다. 아이들은 백립을 어른들 먹는 양만큼 먹는다. 여벌 옷을 준비하거나 어린이용 턱받이를 해 주는 것이 좋다.

베이비백립(등갈비) 500g

<u>향신 재료</u> 양파 1/2개, 통마늘 3쪽, 생강 20g, 월계수 잎 3장, 통후추 5g, 청주 2T

<u>바베큐소스</u> 간장 2T, 우스터소스 2T, 발사믹 2T, 케첩 2T, 설탕 2 1/2T, 꿀 1T, 통마늘 5g, 다진 마늘 1T

1 백립은 1~2시간 차가운 물에 담가 핏물을 없앤 후 끓는 물에 가볍게 데쳐낸다.
2 냄비에 백립이 잠길 정도의 물에 향신 재료를 넣고 한소끔 끓이다가 데친 백립을 넣고 약 25분간 삶아 잡내를 없애고 속까지 익힌다.
3 바베큐소스 재료를 중불에 저어가며 끓여 농도를 맞춘다.
4 준비된 백립에 바베큐 소스를 발라 초벌구이를 하고 다시 한번 소스를 발라 구워 완성한다.

<u>Tip</u> 캠핑을 가기 전날, 바베큐소스를 미리 만들어 숙성시켜 놓으면 좋다.

꽃게어묵탕

봄, 가을. 꽃게가 살이 차는 시기에 캠핑을 할 때는 꽃게 국물로 끓인 어묵탕이 제격이다. 꽃게 두세 마리가 냄비 바닥에 잠겨 있는 어묵탕은 아이와 어른 모두가 좋아한다. 출출한 속을 채우는 어묵과 제철을 맞은 꽃게가 품은 육수는 서늘한 기운이 도는 캠핑장의 밤에 온기를 준다.

꽃게 1마리, 모듬 어묵, 풋고추 1개, 육수 5C, 홍고추 1개, 표고버섯 1개, 대파 10g, 다진 마늘 1/2t, 국간장 1/2t　<u>육수 재료</u> 무 150g, 다시마 10x5cm 1장, 물 6C

1 꽃게는 흐르는 물에서 깨끗이 손질한다.
2 물 6C와 무, 다시마를 넣고 중불에서 끓이다가 육수가 어느 정도 우러나면 다시마를 건진다.
3 모듬 어묵은 끓는 물에 살짝 데쳐 기름기를 빼주고 꼬치에 꽂아 먹기 좋게 준비한다.
4 냄비에 준비한 육수, 꽃게를 넣고 끓이다가 풋고추 슬라이스, 다진 마늘, 국간장으로 간을 맞추고 어묵을 넣어 한소끔 끓인다.
5 표고버섯과 대파, 홍고추를 얹어 마무리한다.

Tip 어른들을 위해 풋고추 대신 청양고추를 넣거나 고춧가루 1T를 넣으면 얼큰한 꽃게 어묵탕을 즐길 수 있다.

알감자버터구이

감자에는 철분과 칼륨이 많이 들어 있다. 캠핑의 기분을 만끽하며 아이들과 포슬포슬하게 익은 감자를 기다리면 코끝으로 전해지는 버터의 고소한 향이 어른과 아이의 마음을 조급하게 한다.

알감자 12개, 물 3C, 버터 2T, 소금, 설탕 적당량, 파슬리 가루

1 냄비에 분량의 물을 붓고 소금 1T와 깨끗이 손질한 알감자를 넣어 80% 삶는다.
2 팬에 버터를 녹여 알감자의 수분을 제거하고 약불에서 굽는다(취향에 따라 소량의 설탕, 파슬리 가루를 뿌려 버무린다).

꽃과 나눔의 길목

세계의 요리 1

다문화에 대한 관심이 높아지면서 아이들이 다양한 문화적 소양을 쌓는 일이 중요해졌습니다. 세계화된 현시대에는 서로간의 이해가 무엇보다 중요합니다. 세계의 여러 나라 사람들은 말이 통하지 않고 다른 환경에서 살아도 공통점이 있습니다. 사람 사이에 오가는 마음과 진심이 있다는 점입니다. 세계의 모든 나라를 직접 가보면 좋겠지만, 그것은 현실적으로 불가능한 일입니다. 다양한 요리로 세계 여러 나라 사람들을 접할 수 있습니다. 다른 나라 사람들도 우리나라의 음식을 궁금해 하고 좋아합니다. 음식에는 각 나라마다 색깔과 표정, 그리고 각기 다른 웃음이 묻어 있습니다. 동그란 얼굴에 납작한 코의 동양 아이를 서양 사람들은 귀엽다며 감탄사를 연발한답니다.

한국

참나물비빔밥

비빔밥은 육회를 제외하고는 날것을 넣지 않는다. 육수로 지은 밥과 그 위에 조물조물 무친 다양한 나물을 고추장과 참기름으로 비벼먹으면 소박하지만 정성이 있고, 우리네의 정이 있다.

쌀 1C, 다진 소고기 60g, 참나물 60g, 콩나물 50g, 당근 30g, 달걀 1개, 소금, 오일 적당량 **고기 양념** 간장 3/4t, 설탕 1/3t, 다진 파 1/3t, 다진 마늘 1/5t, 참기름 1/4t, 통깨 1/3t, 후추 약간 **참나물 양념** 국간장 1/3t, 참기름 1/3t **콩나물 양념** 소금 약간, 참기름 1/3t **비빔 양념장** 간장 2T, 참나물 5g, 매실청 1t, 다진 양파 2t, 다진 파 1t, 참기름 1/2t

1 쌀은 씻어 불린 후 밥을 짓는다.
2 고기 양념 재료들을 섞어 다진 소고기에 밑간한다.
3 끓는 물에 소금을 넣고 참나물과 콩나물을 데쳐 물기를 제거한다.
4 참나물과 콩나물은 양념의 재료들과 분량대로 섞어 각각 무친다.
5 재료를 넣어 비빔 양념장을 만들고 참나물을 다져 넣는다.
6 달걀은 황백으로 분리하여 소금으로 간을 한 다음 지단을 부쳐 4cm 길이로 얇게 채썬다.
7 당근은 4cm 길이로 채 썰어 소금 간을 해서 볶는다.
8 비빔밥 그릇에 밥을 담고 위의 준비된 재료들을 보기 좋게 담아 비빔 양념장을 곁들인다.

Tip 참나물과 콩나물은 너무 오래 데치지 않도록 주의한다. 비빔 양념장 대신 약고추장으로 대신해도 좋다. 비빔밥 재료는 기호에 맞게 다른 종류의 나물이나 재료로 변경해도 된다.

삼색 오니기리

주먹 크기로 밥을 뭉쳐서 김으로 싼 일본요리인 오니기리. 오니기리라는 이름은 일본어로 '쥐다' 또는 '잡다'라는 뜻으로 '니기루(にぎる)'라는 동사의 명사형인 '니기리(にぎり)'에서 나온 말이다.
일본에서는 잘 지은 밥에 소금 간만을 해서 오니기리를 만들어 먹기도 하는데, 예쁜 색의 재료로 만든 오니기리는 아이들의 시선을 사로잡는다.

우엉멸치오니기리

밥 60g, 김, 우엉 20g, 잔멸치 10g, 다진 마늘 1/8t
양념 청주 1t, 간장 1/2t, 올리고당 1/3t, 물 1/2t, 참기름 1/3t

1 우엉 껍질을 벗겨 어슷 썬 뒤 소량의 식초를 넣은 물에 데친다.
2 기름을 두르지 않은 팬에 분량의 잔멸치를 약불에서 볶는다.
3 데친 우엉을 잘게 다진다.
4 팬에 기름을 둘러 다진 마늘을 넣고 볶다가 잔멸치와 우엉을 넣는다.
5 4에 분량의 양념을 넣어 볶는다.
6 밥에 5의 재료와 참기름을 넣고 잘 섞어준 후 먹기 좋은 크기의 삼각형 모양으로 만든다.
7 6에 알맞은 크기로 자른 김을 붙여 완성한다.

깍두기오니기리

밥 60g, 김, 깍두기 15g, 다진 돼지고기 20g, 김칫국물 2T, 참기름 1/3t

1 깍두기를 잘게 다진다.
2 기름을 두른 팬에 돼지고기, 깍두기, 김칫국물 순으로 넣어 볶는다.
3 밥에 2의 재료와 참기름을 넣고 잘 섞은 후 먹기 좋은 크기의 삼각형 모양으로 만든다.
4 3에 알맞은 크기로 자른 김을 붙여 완성한다.

비트오니기리

밥 60g, 김, 비트 15g, 표고버섯 10g, 소금, 후추 약간, 참기름 1/3t

1 비트와 표고버섯을 잘게 다진다.
2 팬에 기름을 둘러 비트, 표고버섯을 넣고 볶는다.
3 밥에 2의 재료와 참기름을 넣고 잘 섞은 다음 먹기 좋은 크기의 삼각형 모양으로 만든다.
4 3에 알맞은 크기로 잘라낸 김을 붙여 완성한다.

딤섬

딤섬의 종류는 수백 가지다. 생김새에 따라 작고 투명한 교자 모양의 가우餃, 껍질이 푹신하고 두툼한 바우包, 통만두 모양이지만 윗부분이 보이는 마이賣, 마이와 같은 방법으로 만들지만 속을 볶아 넣는 시우마이燒賣, 쌀가루로 얇게 전병을 부쳐 속을 얹어 돌돌 만 판粉 등으로 나눌 수 있다. 우리나라에서 빚어 먹는 만두는 주로 '가우餃'나 '바우包' 형태이다.

<u>고기 딤섬</u> 다진 돼지고기 40g, 부추 5g, 달걀 흰자, 전분 1t씩

<u>해산물 딤섬</u> 새우 살 40g, 오징어 20g, 다진 양파 10g, 달걀흰자, 전분 1t씩

생강즙 약간, 다진 마늘 1t, 소금, 후추

<u>딤섬 반죽</u> 강력분 100g, 물 70g, 올리브오일 6g, 소금 1g

1 부추는 다져서 분량의 돼지고기와 생강즙, 다진 마늘 1/2t, 달걀흰자, 전분을 섞어 소금, 후추로 간을 하여 반죽한다.
2 새우살과 오징어를 다져 분량의 다진 양파, 달걀흰자, 전분, 다진 마늘 1/2t를 넣고 소금, 후추 간을 하여 반죽한다.
3 밀가루 반죽을 하여 비닐에 감싸 냉장고에서 30분간 숙성시킨 뒤 10g씩 소분하여 딤섬피를 만든다.
4 딤섬을 만들어 찜기에서 10분간 쪄서 완성한다.

<u>Tip</u> 시금치를 데쳐 물과 함께 믹서기에 갈아주고 걸러내어 시금치 물로 반죽하면 색이 예쁜 딤섬을 만들 수 있으며 당근, 비트 등 다양한 재료를 이용해도 좋다. 시판 만두피를 사용하면 편리하다.

베트남

월남쌈

한국의 구절판처럼 베트남에는 라이스페이퍼에 채소와 고기, 파인애플을 싸서 먹는 월남쌈이 있다. 샐러드 채소보다는 수경 재배한 채소들이나 향이 강한 채소가 어울린다. 기호에 따라 고수를 넣어 먹어보는 것도 좋다.

소고기(샤부용) 70g, 라이스페이퍼 10장, 양상추 100g, 양파 100g, 파프리카(빨강, 노랑) 100g씩, 오이 100g

<u>홈메이드 스윗칠리소스</u> 케첩 30g, 식초 1/5t, 꿀 8g, 양파즙 1t, 다진(빨강) 파프리카 1t

---

1 스윗칠리소스 재료를 모두 섞어 숙성시킨다.
2 소고기는 뜨거운 물에 데쳐 얼음물에 담가 물기를 뺀다.
3 양상추, 파프리카(빨강, 노랑), 오이는 채 썰어 준비한다.
4 양파는 채를 썰어 물에 담가 매운맛을 빼준다.
5 미지근한 물에 라이스페이퍼를 한 장씩 담가 펼친 후 2, 3, 4를 놓고 만다.
6 홈메이드 스윗칠리소스를 곁들인다.

Tip 땅콩소스(코코넛밀크 1/3C, 땅콩버터 3T, 피쉬소스 2T, 황설탕 1T)를 곁들여도 좋다. 소고기 대신에 칵테일새우를 사용해도 된다.

태국

왕새우팟타이

새우는 누구나 좋아하는 식재료이다. 새우를 이용한 음식은 해산물이 풍부한 태국 요리에 많이 등장한다. 왕새우가 들어간 팟타이는 국물이 없이 자작하게 볶은 누들이다.

새우(중하) 4~5마리, 쌀국수 80g, 달걀 2개, 숙주 70g, 양파 30g, 쪽파 20g,
땅콩 가루 15g, 오일 1T, 다진 마늘 1t, 소금, 후추 약간, 청주 1t
팟타이소스 굴소스 1T, 피쉬소스 1T, 식초 1T, 라임주스 2t, 흑설탕 1 1/2T, 후추 약간

1 쌀국수는 찬물에 담가 30분~1시간 정도 불린 후 물기를 없앤다.
2 새우의 내장을 제거하고 장식용으로 1~2마리 정도를 남겨놓고 머리와 껍질을 제거한다.
3 팟타이소스 재료들을 분량대로 넣어 소스를 미리 만들어 놓는다.
4 숙주는 머리와 꼬리를 떼고 양파는 채 썰고 쪽파는 4cm 길이로 자른다.
5 달걀은 풀어서 스크램블한다.
6 팬에 오일을 두르고 다진 마늘과 채썬 양파를 볶다가 2의 새우를 넣고 소금, 후추, 청주를 넣어 볶는다.
7 6에 1의 쌀국수를 넣고 소스의 1/2 분량을 넣어 볶다가 숙주와 쪽파를 넣고 남은 소스 1/2 분량을 넣어 빠르게 볶은 뒤 마지막으로 땅콩가루를 뿌린다.

Tip 쌀국수는 부들부들한 상태가 될 때까지 충분히 불린다. 새우는 등이나 배 쪽에 칼집을 살짝 내어 이쑤시개로 내장을 빼낸다. 달걀 스크램블은 많이 휘젓지 않는다. 부족한 간은 소금으로 한다.

쌀 보관방법

쌀은 특별한 보관방법이 없을 것 같지만 여름철같이 온도나 습도가 높아졌을 때는 신경써서 관리해야 한다.

밀폐용기나 페트병에 넣어 냉장고나 김치냉장고에 보관한다

쌀은 온도나 습도에 민감하므로 밀폐용기에 넣어 냉장보관하면 벌레가 생기지 않게 보관할 수 있다. 페트병이나 밀폐용기는 뚜껑이 있어 벌레가 침투할 통로를 막아주고 페트병에 넣으면 밀폐력 때문에 쌀 벌레가 잘 생기지 않는다.

쌀벌레 퇴치제를 넣어 보관한다

마트에 파는 쌀벌레 퇴치제를 넣어 보관하여 벌레가 생기지 않도록 한다.

기능성 쌀 냉장고나 쌀통에 넣어 보관한다

요즘에는 온도, 습도 등을 조절할 수 있는 쌀 냉장고나 쌀통 등이 시중에 나와 있으니 용도에 맞게 구입하여 쌀을 보관한다.

쌀에 마늘이나 건고추 등을 넣는다

쌀벌레는 마늘의 알리신 성분을 싫어한다. 마늘이나 건고추의 독한 냄새를 싫어하기 때문에 쌀의 중간 중간에 꽂아 두면 된다. 마늘이나 건고추는 2달에 한 번씩 교체해야 한다. 쌀벌레는 온도와 습도에 민감하기 때문에 장마철과 무더위에 각별히 신경써야 한다. 여름철이 아닌 경우엔 그늘지고 건조한 곳에서 보관하고 여름철엔 밀폐해서 낮은 온도에서 보관하는 게 가장 좋은 방법이다.

알아두면 유용한 식재료 이야기 10

발사믹 식초

제대로 숙성된 발사믹 식초는 일반 식초와는 달리 끈적하고 달콤하다. 이탈리아의 모데나(Modena)와 그 옆동네인 레지오 에밀리아(Reggio Emilia) 지역에서 중세부터 만든 발효 포도 식초이다.
간혹 와인 식초와 혼동하는 경우도 있는데 원료가 포도라는 것 이외에는 전혀 다른 종류의 식초이다.

모데나의 발사미코

유래 | 한 농부가 '포도 원액'이 담긴 나무통을 잃어버렸다가 몇 년이 지나 되찾게 되었는데, 이 원액이 나무 특유의 향기를 머금어 특별한 향을 함유한 식초로 변해 있었다.
이후 이 지역 역사에 발사믹 식초가 처음으로 언급된 것은 1046년이다. 당시 신성로마제국의 헨리 3세가 왕위 취임을 인정받기 위해 로마로 향하던 중 모데나가 속해 있는 토스카나 영주로부터 신비한 식초를 선물 받게 되었는데 이 식초가 마음에 들었던지 영주의 통치력에 힘을 실었고, 이탈리아 반도에서 영향력 있는 영주로 군림하는 데 많은 도움을 주었다는 일화도 전해진다.

뜻 | 발사믹 식초를 구매할 때 보면 제품에 주로 Balsamic Vinegar 또는 Aceto Balsamico라고 표시되어 있다. Balsamic Vinegar가 이탈리아어로 Aceto Balsamico이기 때문에 똑같은 말이다. 식초(Vinegar=Aceto), Balsamico가 Balsamic을 뜻하는데, 여기서 Balsamic은 '향기가 좋은', '상쾌한' 이라는 뜻이다. 덧붙여 모데나와 레지오 에밀리아에서 만들어진 12년 이상 숙성된 '진짜' 발사믹 식초를 Aceto Balsamico Tradizionale di Modena 또는 Aceto Balsamico Tradizionale di Reggio Emilia라고 부르는데, 여기서 Tradizionale는 '전통의'는 뜻으로 모데나의 전통 발사믹 식초라는 뜻이다.

Aceto Balsamico 만드는 과정

모데나와 레지오 에밀리아에서 재배한 트레비아노(Trebbiano)나 람브루스코(Lambrusco)라는 종류의 포도를 으깨서 얻은 주스(Mosto)로부터 시작된다. 솥에 넣어 뚜껑을 덮지 않고 하루 이상 끓이면 끓이는 동안 졸아든 포도주스는 호박색을 띠는 액체(Mosto cotto)가 된다. 만들어진 Mosto cotto를 숙성 통에 넣으면 Mosto Cotto가 효모에 의해 알코올로 변하고 그 알코올이 아세트산 균에 의해 식초로 변한다.
시간이 지나 수분이 증발하고 통 속의 식초가 줄어들면 더 작은 통으로 옮긴다. 점차 작은 통으로 옮기게 되는데 이 작업에서 통의 재료를 다르게 해준다. 밤나무, 아카시아, 벚나무 등 다양한 향의 나무통을 쓰고, 이런 과정을 반복하며 훨씬 더 깊고 다양한 풍미가 생긴다. 맨 처음 사용하는 통과 끝에 사용하는 통도 정해져 있다. 숙성 통을 계속 옮기며 최소한 12년 이상 숙성시켜야 비로소 Aceto Balsamico Tradizionale가 완성된다(25년 이상은 Aceto Balsamico Extra Vecchio라고 한다).
와인에 빈티지가 있는 것처럼 발사믹 식초는 숙성 기간에 따라 12년은 레드, 18년 실버, 25년 이상은 골드로 다른 색깔의 레이블을 붙여 구별한다.

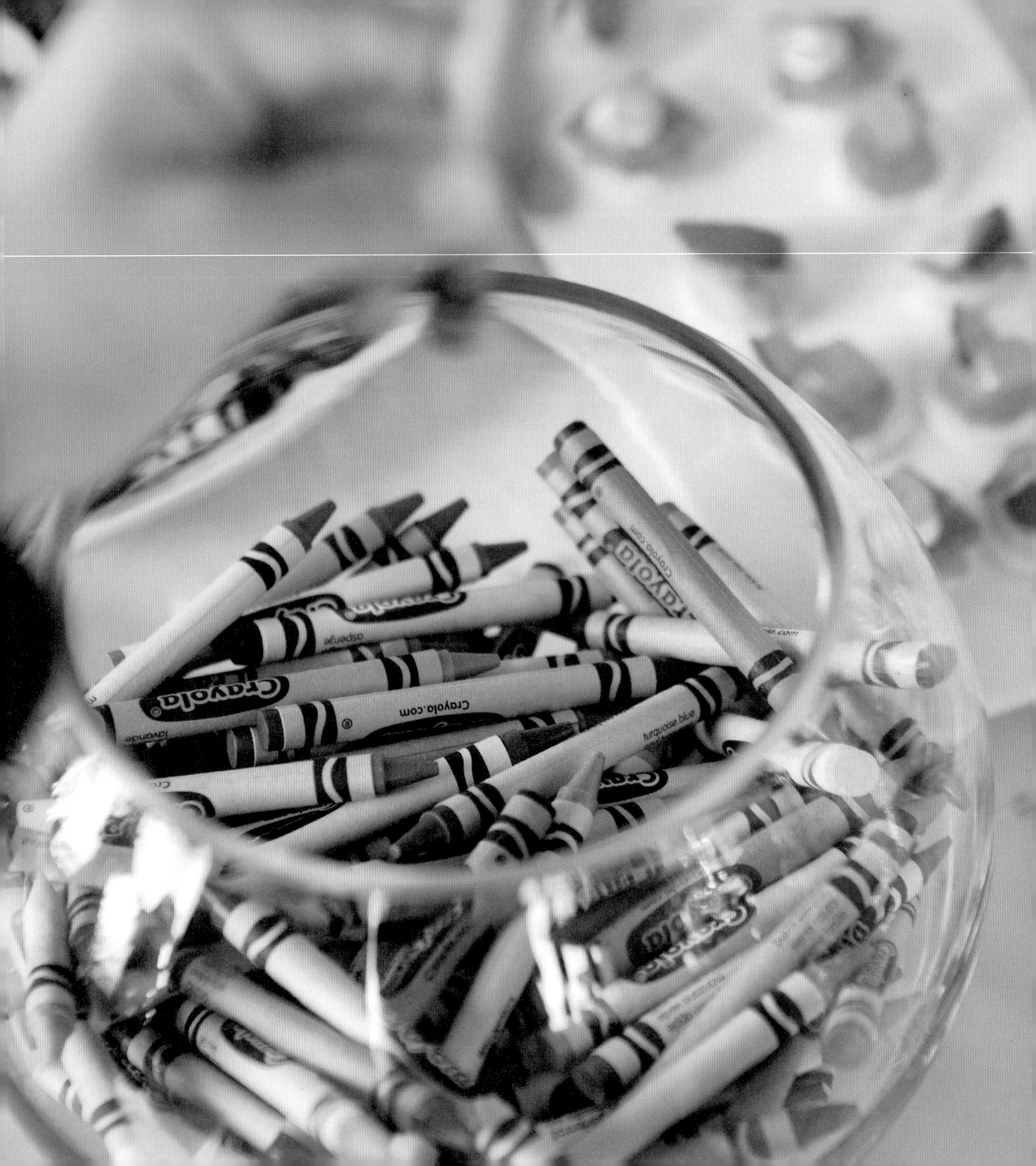
Crayola
Crayola.com
turquoise blue

세계의 요리 2

음식은 세계를 알게 합니다. 미국에서 다양한 햄버거 종류에 놀랐던 기억, 이탈리아의 얇은 씬 피자를 보고 실망했던 기억, 서유럽의 낯설고 어려운 음식에 코를 막았던 기억들은 낯섦 때문이었습니다. 익숙해지면 오히려 좋아서 찾게 되는데 말이죠.

가보지 않았지만 알고 싶은 세계 여러 나라의 음식들을 엄마 아빠와 만들어보며 궁금했던 나라에 대해 알아봅시다. 아이는 음식에 대한 아무런 거부감이 없습니다. 세계의 여러 나라에 대한 생각도 마찬가지입니다. 아이들은 호기심이 가득한 눈으로 이것저것 물어봅니다.

"엄마, 퐁듀는 의자에서 일어서서 먹게 돼요. 치즈 끈이 자꾸만 저를 따라와요."

아이가 자라서 함께 여행을 간다면 만들어본 세계의 요리에 대해 이야기하며 한바탕 웃음꽃이 필 것입니다.

미국

수제 미니햄버거

미국에 있을 때 식재료를 보러 다니기를 좋아했다. 마트에서 줄줄이 진열되어 있는 향신료 종류에 놀라 그 앞에서 넋을 놓았던 기억이 난다. '바질basil'과 '오레가노oregano' 등 그때만 해도 이름도 생소하고 어려운 허브 종류들을 일단 종류별로 사왔다. 바질과 잘 어울리는 토마토와 손으로 치댄 패티가 햄버거 안에서 맛의 조화를 이룬다.

패티 다진 소고기 100g, 다진 돼지고기 100g, 양파 가루 1/2T, 다진 마늘 2t, 청주 1T, 오레가노 가루 1/2t, 소금 1/2t, 후추 적당량

속 재료 토마토 1개, 양파 1개, 양상추, 베이컨, 치즈, 마요네즈 적당량

햄버거 빵 모닝롤 5개 **소스** 바베큐 소스 2T, 케첩 2T, 샐러리 20g, 양파 20g

1. 다진 소고기와 다진 돼지고기는 키친타월로 핏물을 제거한다.
2. 믹싱볼에 1과 다른 패티 재료들을 넣고 치댄 후 30분 정도 숙성시킨다.
3. 양상추는 적당한 크기로 손질하고, 토마토와 양파는 링으로 슬라이스 해 소금, 후추를 뿌리고 물기를 없앤다.
4. 소스용 샐러리와 양파는 잘게 다진 후 냄비에 분량의 재료들과 같이 끓인다.
5. 1의 패티를 40~50g으로 나눈 후 동그랗게 빚어 팬에 굽고, 베이컨도 바삭하게 굽는다.
6. 모닝롤을 반으로 나눠 위아래 안쪽 면에 마요네즈를 바르고 빵, 양상추, 토마토, 양파, 베이컨, 패티, 소스, 치즈, 빵 순으로 쌓아 접시에 담는다.

Tip 양상추는 찬물에 담가 두면 아삭함이 살아난다. 양파는 물에 담가 매운맛을 뺀다.

또띠아피자

피자라고 하면 이탈리아의 짜고 얇은 피자가 떠오른다. 요즘은 고르곤졸라 피자 등 한 가지 재료만으로 맛을 낸 피자도 인기다. 피자를 좋아하는 아이들은 집에서 간편하게 또띠아로 피자를 만들어 볼 수 있다. 만들기도 어렵지 않고 평소 아이가 싫어하는 피망도 먹게 할 수 있다.

또띠아 2장, 고구마 300g, 생크림 100ml, 토마토소스 1T, 양파 10g, 청피망, 홍피망 각 10g, 모짜렐라치즈 200g, 베이컨 1장, 양송이 2개, 호두, 아몬드 슬라이스 각 10g, 유자청 1T **발사믹 양파** 발사믹 식초 2T, 양파 50g, 꿀 1t **소고기 볶음** 다진 소고기 30g, 간장 1t, 꿀 1/2t, 다진 마늘, 다진 파, 참기름, 후추 약간씩

1 고구마는 찜기에서 익혀 껍질을 벗긴 후 으깨서 생크림과 섞어주고 소금, 후추로 밑간을 한다.
2 양파, 청피망, 홍피망, 양송이를 슬라이스 한다.
3 베이컨은 썰어서 팬에 볶는다.
4 발사믹 양파-양파는 채를 썰어 팬에 볶다가 어느 정도 익으면 발사믹 식초 2T, 꿀 1t를 넣고 졸이며 볶는다.
5 소고기 볶음-다진 소고기를 양념에 잠시 재운 후 센불에서 볶는다.

고구마무스또띠아피자

1 또띠아 위에 토마토소스를 바르고 고구마 무스 절반을 올린다.
2 양파, 청피망, 홍피망, 양송이 토핑을 한다.
3 발사믹 양파와 소고기 볶음을 얹고 치즈를 뿌린 뒤 180도 오븐에서 약 10분간 치즈가 녹도록 굽는다.

유자또띠아피자

1 또띠아 위에 유자청을 발라 고구마 무스 절반을 담는다.
2 발사믹 양파, 볶은 베이컨을 얹고 호두와 아몬드 슬라이스 토핑을 한다.
3 치즈를 뿌린 뒤 180도 오븐에서 약 10분간 치즈가 녹도록 굽는다.

스위스

치즈퐁듀

여자는 퐁듀에 대한 환상이 더러 있다. 좋아하는 사람과 우아하게 먹을 수 있는 요리이기 때문일까. 내가 좋아하는 재료를 따뜻한 치즈에 적셔 먹는 맛에 대한 호기심 때문일 것이다. 아이는 훗날 어떤 사람과 마주 앉아 퐁듀를 먹게 될지 궁금해진다.

에멘탈 치즈 50g, 에담(또는 까망베르) 치즈 50g, 브리 치즈 50g, 우유 100ml, 다진 마늘 1/2t, 양송이버섯 1개, 바게트 빵

1 각각의 치즈는 잘게 자른다.
2 양송이버섯은 슬라이스 한다.
3 그릇에 우유, 잘게 썬 치즈, 양송이버섯, 다진 마늘을 넣고 은근한 불에서 열을 가해 치즈를 녹인다.
4 한입 크기로 바게트 빵을 잘라 치즈와 함께 낸다.

Tip 치즈는 시중에서 구할 수 있는 치즈를 사용해도 좋으며 아이들을 위해 염도가 낮은 제품을 사용한다. 치즈 소스의 농도를 위해 소량의 전분을 사용하기도 한다.

엄마랑 나랑 이색 부리또

멕시코 음식은 세계적으로 사랑 받는 음식이다. 타코를 살사소스에 찍어먹기도 하고 또띠아에 여러 가지 재료를 싸먹는 것도 특색 있다. 아이와 좋아하는 재료를 넣어 직접 부리또를 만들어 보자.

오리부추부리또

오리고기 30g, 부추 20g, 양상추 10g, 머스타드 소스 1t, 우유 약간

오리고기 밑간 청주 1T, 소금, 후추 1/5t씩

부추 양념 간장 1/2T, 식초 1/2t, 설탕 1/2t, 참기름 약간

1 오리고기를 우유에 30분간 재워 잡내를 없앤 후 밑간을 한다.
2 팬에 약불로 또띠아를 살짝 굽는다.
3 양상추는 채 썰고 부추는 3cm로 자른 후 부추 양념에 재운다.
4 팬에 준비된 오리고기를 넣고 센 불에서 굽는다.
5 또띠아에 머스타드 소스를 펴 바르고 3, 4를 올려 돌돌 만다.

닭가슴살김치부리또

닭가슴살 50g, 밥 30g, 모짜렐라치즈 5g, 체다 치즈 5g, 양상추 10g, 김치 소스 2t,
플레인 요거트 1t, 간장 1t, 우유 약간 **닭가슴살 밑간** 청주 1/2T, 소금, 후추 약간
김치 소스 김치 30g, 양파 10g, 물 3T, 김칫국물 1T, 케첩 1T, 올리고당 1t

1 닭가슴살을 우유에 30분간 재워 잡내를 제거 후 밑간을 한다.
2 팬에 약불로 또띠아를 살짝 굽는다.
3 물에 한 번 씻어낸 김치와 양파는 잘게 다져 양념을 넣고 팬에 볶아 김치 소스를 만든다.
4 양상추는 채 썰고 재워놓은 닭가슴살은 볶다가 밥과 간장을 넣어 함께 볶는다.
5 또띠아에 플레인 요거트를 펴 발라준다.
6 5에 3, 4 그리고 모짜렐라치즈와 체다 치즈를 넣어 돌돌 말아 치즈가 살짝 녹을 때까지 굽는다.

스페인

해산물빠에야

스페인 요리인 빠에야는 우리나라의 볶음밥과 같아서 거부감이 없다. 한꺼번에 여럿이 식사할 때 폼나고 맛있는 요리이다. 다양한 해물을 넣은 빠에야는 샤프란 또는 커민과 강황으로 노르스름한 색을 입힌다. 해산물 빠에야는 해물 맛이 쌀알에 잘 배어 있다. 요리하는 사람은 처음에 조금 바빠도 먹는 사람들은 여유 있게 대화를 나눌 수 있어 좋다.

오징어 30g, 홍합 3개, 새우 2마리, 양파 15g, 빨강 파프리카 10g, 노랑 파프리카 10g, 쌀 2/3C, 카레 가루 1/2T, 올리브오일, 소금, 후추, 다진 마늘, 물 1C

1 오징어는 껍질을 제거하고 먹기 좋은 크기로 잘라 준비한다.
2 홍합은 수염을 제거하고 겉면의 이물질을 정리한다.
3 새우의 껍질과 내장을 제거한다(깨끗이 손질 후 껍질째 사용해도 좋음).
4 양파와 파프리카는 작게 썰어 준비한다.
5 쌀은 물에 약 30분간 불려서 사용한다.
6 팬에 올리브오일을 두르고 다진 마늘을 볶아 향을 내고 불린 쌀을 투명해지도록 볶는다.
7 따뜻한 물 한 컵 분량에 카레 가루를 풀고 쌀을 볶는 중간에 조금씩 넣어 카레 맛이 쌀에 배도록 한다.
8 쌀이 투명해지면 홍합을 넣고 볶다가 어느 정도 입이 벌어지면 새우, 오징어와 함께 볶는다.
9 약불로 타지 않게 저어가며 완성한다.

Tip 바닥이 두꺼운 팬, 무쇠솥을 사용해 만들면 더욱 좋다. 빠에야는 '샤프란'이라는 향신료를 사용하는데 가정식 빠에야는 '카레 가루'로 대체해도 된다. 해산물 대신 치킨 등 다른 식재료를 써도 좋다.

Flower Story

Party & Table

Flower Story

오늘은 호윤이에게 사과해야 할 일이 생겼습니다. 어리다고 모른 척 넘어가는 것보다는 엄마의 잘못을 아는 호윤이에게 오늘은 정식으로 미안하다는 말을 하려고 합니다. 이른 새벽 눈을 비비며 꽃 시장에 갔습니다. 호윤이에게 선물할 꽃을 사러 일부러 나섰는데, 막상 나오니 되려 제가 꽃 시장의 생동감에 기운을 얻습니다. 호윤이를 위하고 저를 위해서 직접 오길 잘했다는 생각이 듭니다. 낮은 채도의 고혹한 작약이 눈에 들어옵니다. 작약은 수줍고 카라는 순결한 시간의 열정을 드러내는 꽃입니다. 호윤이가 좋아하는 핑크 계열의 라넌큘러스도 사고, 싱그러운 튤립도 골라 담습니다. 누군가를 위해 꽃을 사고 그 꽃으로 꽃다발을 만들 때면 쌓였던 피로도 잊게 됩니다. 엄마의 감각과 호윤이의 취향이 어우러져 완성된 꽃다발에 우리 모녀의 친숙한 느낌이 담겨 있습니다. 넉넉히 사온 꽃으로 호윤이의 선생님들께 드릴 꽃바구니도 만듭니다.

호윤이를 통해 인연을 맺은 분들이 저에게는 보석과 같은 소중한 존재입니다. 감사하는 마음을 꽃에 담아 선물합니다. 호윤이가 선한 마음을 가졌으면 합니다.

FLOWER GARLAND

수국, 왁스 플라워, 베로니카, 장미(자나),
그린 소재 20번(또는 22번) 와이어, 24번 와이어, 플로랄 테이프, 리본, 가위

1 20번(또는 22번) 와이어를 적당한 길이로 자른 후 플로랄 테이프로 감싸준다.
2 24번 와이어로 사용할 꽃들을 차례대로 와이어링 작업을 한다.
3 와이어링 작업을 한 꽃들을 플로랄 테이프 작업을 한 20번 와이어에 디자인을 살려 엮어준다.
4 양 끝 지점에 리본을 묶어서 마무리한다.

FLOWER BRACELET

라넌큘러스, 그린 소재, 22번 와이어, 24번 와이어, 플로랄 테이프, 리본

1 22번 와이어를 적당한 크기로 잘라 플로랄 테이프로 감싼 후 끝부분에 고리를 만들어준다.
2 1에 24번으로 와이어링 작업을 한 라넌큘러스와 그린 소재들을 플로랄 테이프를 이용하여 엮어준다.
3 양 끝 지점에 리본을 묶어 마무리한다.

HANDTIED

스위트피, 자나, 라넌큘러스, 베로니카, 아네모네, 그린 소재

꽃과 소재를 섞어 자연스러운 느낌의 꽃다발을 만들어 리본을 묶어 준다.

FLOWER BOX

블랙뷰티, 미니장미, 섬담쟁이, 리시안셔스, 베로니카, 미니호접, 그린 소재,
플라워 박스, 플로랄 폼, opp포장 비닐, 티슈페이퍼, 꽃가위

1 물을 흡수한 플로랄 폼을 비닐로 감싼다.
2 박스에 티슈페이퍼를 깔고 양 옆에 비닐로 감싼 플로랄 폼을 넣는다.
3 그린 소재로 대략 형태를 잡은 후 디자인을 살려 꽂는다.
4 가운데 빈 공간에 선물을 놓고 마무리한다.

CENTERPIECE

튤립, 자나, 라넌큘러스, 아네모네, 수국, 미니호접, 그린 소재,
플로랄 폼, opp포장 비닐, 꽃가위

1 물을 흡수한 플로랄 폼을 opp포장 비닐로 감싸 화기 안에 넣는다.
2 그린 소재로 대략의 형태를 잡고 나머지 꽃들을 이용하여 디자인을 살려 자연스럽게 꽂는다.

Jun
Chloe

Ian
Jun

Party & Table

호윤이의 생일. 친구들과의 신나는 파티. 아이들은 함께 모인 것만으로도 시시각각 재미있는 표정을 짓고 사소한 것에도 까르르 웃습니다. 효주는 팝콘치킨을 덥석 집어 듭니다. 예쁘게 차려 입은 옷에 칠리소스가 묻으면 어떻게 하느냐고 호윤이가 알은체합니다. 젊은 엄마들도 처음 보는 예쁜 음식 앞에 저건 뭐냐고 신기한 듯 묻습니다. 호윤이의 어깨가 으쓱 올라갑니다. 평소에는 아이에게 제일 못해주는 엄마였는데, 오늘은 제가 가장 멋진 엄마가 된 것 같습니다.

칠리소스팝콘치킨

닭다리살 200g, 튀김 가루 4T, 물 2T, 소금, 후추, 우유, 아몬드슬라이스

<u>칠리소스</u> 케첩 100g, 고추장 2t, 청주 20g, 식초 5g, 설탕 30g, 다진 마늘 20g, 다진 파 20g, 청피망 15g, 홍피망 15g, 생강즙 8g, 소금 1g, 물 1/2C

1 닭다리살은 지방을 제거하고 우유에 30분간 재워 잡내를 없앤다.
2 1을 물에 가볍게 씻어 물기를 제거하고 소금, 후추로 밑간을 한다.
3 튀김 가루 2T와 물 2T를 섞어 반죽을 만들어 닭다리살에 버무리고 남은 튀김 가루로 겉옷을 입혀 기름에 2번 튀긴다.
4 냄비에 다진 마늘, 파, 피망을 넣고 볶다가 남은 칠리소스 재료를 넣고 약불에서 끓여 걸쭉해질 정도로 조린다.
5 바삭하게 튀긴 닭강정을 칠리소스와 버무리고 아몬드를 뿌려 완성한다.

Tip 닭다리살 외에 새우로 해도 좋고 카레 가루를 넣으면 카레 팝콘치킨이 된다. 입맛에 따라 고추장과 케첩의 양을 조절한다.

버섯불고기컵밥

불고기용 소고기 200g, 느타리버섯 100g, 밥 200g, 오일, 어린잎 채소 적당량

양념간장 간장 1T, 청주 2t, 설탕 1/2T, 올리고당 1t, 양파즙 1/2T, 배즙 1/2T, 다진 마늘 1t, 참기름 1t, 소금, 후추 적당량

1 양념 재료들을 분량대로 섞어서 양념장을 만든다.
2 불고기용 소고기는 키친타월에 핏물을 제거한 후 양념장에 30분 이상 재운다.
3 느타리버섯은 밑동을 잘라내고 결 방향으로 찢는다.
4 팬에 재운 소고기와 느타리버섯을 볶는다.
5 적당한 그릇에 밥을 담고 4를 올린 후 어린잎 채소를 올린다.

Tip 컵밥 위에 다진 잣이나 무순, 치즈 등의 고명을 올려도 좋다. 느타리버섯은 다른 종류의 버섯으로 대체 가능하다.

석류발사믹리덕션비프샐러드

석류 홍초 100ml, 발사믹 식초 100ml, 소고기(안심) 150g

소고기 마리네이드 올리브오일 2t, 청주 1t, 소금 1/4t, 후추 약간

샐러드 채소 양상추 30g, 치커리 20g, 어린잎 10g, 방울토마토 50g, 석류 15g

1 냄비에 석류발사믹리덕션 재료를 넣고, 센 불에서 끓이다가 약불로 줄여 11~14분 정도 졸인다.
2 소고기는 적당한 크기로 썰고 소고기 마리네이드 재료를 넣어 밑간을 한다.
3 양상추와 치커리는 적당한 크기로 썰고 방울토마토는 4등분, 석류는 알알이 떼어낸다.
4 뜨겁게 달군 그릴 팬에 2를 굽는다.
5 접시에 3과 4를 보기 좋게 담고 1의 석류발사믹리덕션을 뿌려 완성한다.

Tip 석류 홍초 대신 다른 것을 써도 좋다. 계절에 맞는 샐러드 채소를 사용한다. 고기는 구우면서 크기가 줄어드는 성질이 있기 때문에 조금 크게 썬다.

엄마는 아이에게 늘 미안한 마음입니다.

아이를 키우는 연장선상에 음식과 꽃이 있습니다. 이따금 호윤이의 감성적인 면을 볼 때 아이가 무엇에 영향을 받고 얼만큼 내적으로 성숙할지 가늠해 봅니다. 호윤이는 아이이기 때문에 무한한 가능성과 잠재된 이면을 가지고 있습니다. 엄마는 요리도 하고, 피아노도 쳐주고, 영어책도 읽어주며 아이를 잘 키울 거란 자신감에 들뜨다가 어느 순간 어깨가 무겁습니다. 아이는 저보다 더 큰 존재일지 모른다는 생각에 숙연해집니다.

아이도 바쁘고 엄마도 바쁘게 사는 요즘, 끝이 없다고 말하는 '육아'에 대한 생각들은 종종 잊혀집니다. 그러다가 호윤이와 함께하는 시간이 되면 다시 고민합니다. 바깥일이란 정신없이 하다 보면 내가 걸어온 길이 이력과 결과로 드러나기 마련인데, 아이와 보낸 시간은 어떤 성과로도 남아 있지 않습니다. 보이는 것은 아이의 모습뿐입니다.

어느 날 호윤이가 훌쩍 자라서 "엄마, 힘드셨죠? 이제 좀 쉬세요"라고 말한다면 그땐 제가 좀 홀가분해질까요? 다 자란 아이의 모습을 보고 후회하는 것은 아닐까요? 호윤이가 바라보는 엄마는 당당하고 겸손하며, 사과할 줄 알고, 사람들과 나누며 살아가는 여유있고 너그러운 모습이길 바랍니다. 호윤이가 자라면 이렇게 말해주고 싶습니다. "사람들이 사는 모습이란 엄마의 손길이 깃든 아침 식탁처럼 매일 다양한 표정이 있어서, 그 안에는 수많은 다른 이야기들이 있단다"라고 말이죠. 호윤이는 저를 열심히, 올바르게 살아가도록 항상 길을 열어 줍니다.

지금 저에게 아이는 가장 큰 선생님입니다.

Shelly

찾아보기

ㅈ–ㅊ

ㅋ–ㅎ

Thanks to,

희수 실장, 수영, 수연, 이경연 작가, STUDIO IL 김 실장, 효주 Mom,
승연, 민수, 윤수, 희진, 화현, The Chef.G 식구들, 민정 팀장님, 해연 실장님, GIA 선생님들, 프뢰벨 선생님들,
명훈, 사랑하는 엄마, 아빠, 가족과 지인 분들,
그리고 호윤.

The Chef.G(더셰프지) 둘러보기 http://www.thechefg.com

호윤아 밥먹자

초판 1쇄 인쇄 2015년 11월 18일
초판 1쇄 발행 2015년 11월 23일

지은이 | 한서연
펴낸이 | 정상우
주간 | 정상준
편집 | 이민정 정희정 심슬기
디자인 | 김해연
관리 | 김정숙

펴낸곳 | 오픈하우스
출판등록 | 2007년 11월 29일 (제13-237호)
주소 | 서울시 마포구 동교로13길 34(121-896)
전화 | 02-333-3705 팩스 | 02-333-3745
openhousebooks.com
facebook.com/openhouse.kr

ISBN 979-11-86009-37-6 13590

이 도서의 국립중앙도서관 출판시도서목록(CIP)은 서지정보유통지원시스템 홈페이지(http://seoji.nl.go.kr)와 국가자료공동목록시스템(http://www.nl.go.kr/kolisnet)에서 이용하실 수 있습니다.(CIP제어번호: CIP2015030333)